풍요로운 삶을 위한
행복한 경영학

풍요로운 삶을 위한

행복한 경영학

정요진 지음

청년
정신

우리는 생각보다 훨씬 많은 '경영'을 하고 있다

IMF 외환위기 직전에 《성공적인 인생을 경영하기 위한 59가지 경영 컨설팅》이라는 제목으로 책을 냈었다.

이것저것 하고 싶은 말이 많아서일까? 다 써놓고 보니 마치 이곳저곳 '여우 굴'을 파놓은 것 같다. 그래도 옛 그리스 시인 아르킬로코스가 언급했다는 '고슴도치'의 외골수가 전체 이야기에 관류되어 있음을 독자 여러분이 알아볼 수 있었으면 하는 바람이다.

아르킬로코스는 "여우는 많은 것을 알고 있지만, 고슴도치는 하나의 큰 것을 알고 있다!"라고 했다. 나는 이 책이 '여우'보다 '고슴도치'라는 말을 듣기 바란다.

지난번 책에서도 강조했듯이, 사람들은 주어지는 유인誘引, 즉 인센티브에 따라서 반응이 달라진다. 사람을 움직이는 것이 경영의 핵심이라고 본다면, 이 책에서는 사람을 움직이기 위한 유인에 초점을 맞췄다고 하겠다.

그러나 오늘날의 기업들은 안으로는 일상적 변화를 추구하면서, 밖으로는 다른 기업들과 경쟁 및 협력해야 한다고 생각한다. 이 두 과제를 동시에 진행해야 하는, 일견 모순된 도전에 직면해 있다. 이런 관점에서 '옛 술을 새 병에' 담는 시도를 한 것이 이 책이라고 생각한다.

이 책에는 세일, 광고, 경쟁자 간의 위치, 혁신제품, 지속적 성공, 창조적 인력, 아웃소싱, 기업의 부정 등 기업 활동의 여러 분야가 포함되어 있다. 또한 이윤 극대화, 부, 행복, 운의 역할, 역발상 아이디어, 기업 활동과 경계를 이루고 있는 '법', 그리고 시장 역할을 경영의 입장에서 재조명하였다.

흔히 '시장만능주의'가 판치는 세상이라고 비판하곤 한다. 시장제도도 시장의 한계와 시장 실패를 가지고 있다. 그러나 우리 각자가 시장제도의 한 구성원이라는 사실을 깨달아야 한다. 즉 우리가 시장을 형성하고 있는 것이다. 우리가 우리들의 문제를 해결할 때, 그 과정이 바로 '시장(market)'이다.

이러한 시장의 구성원인 우리는 경영 주체로서, 지금까지 수많은 '경영'을 실천해 왔다.

학창시절부터 알게 모르게 경영을 몸소 체험해 왔다고 하면 믿기는가? 왜 하는지도 모르고 열심히 했던 숙제나 영어공부도 다 경영의 일부였다. 대학 교재가 왜 비싼지(헌책시장), 사립대학 학비가 왜 비싼지(장학금 제도) 등등, 이 물음들에 대한 답도 학생과 대학교의 경영 결정으로 접근하였다. 그뿐인가? 여름철 수박값, 쇼핑카트의 크기, 엘리베이터 예의, 선물 교환 등 일상생활 전반이 경영 결정이었다.

이 책에서는 미국 자본주의를 살펴 볼 수 있는 편린(片鱗)들도 함께 보여 주고 있다. 한미 FTA 협상으로 그 어느 때보다 미국에 대한 관심도가 높아졌는데, 여기서는 미국인들의 생각과 역사, 문화 등을 화제거리 삼아 자연스레 미국 시장경제 이야기로 이끌어 간다. 가볍게 접근했지만, 그 안에는 우리가 미처 몰랐던 미국 경제의 숨은 뜻이 있을 수도 있다.

또 제임스 조이스나 모파상 등의 작품들도 책 중간 중간에 인용했다.

소설과 경영이 무슨 상관있을까 싶겠지만, 소설 속에는 그 시절 사람들의 생활이 생생하게 묘사되어 있다. 생활이 곧 경영 아니겠는가?

마지막으로, 공자 이야기를 덧붙였다. 《논어》에 나오는 '온고이지신(溫故而知新)'은 '새로움을 배우고, 배운 것을 인간 삶에 적용하여 깨우치는 태도'를 보여 주고 있다. 이런 공자의 태도를 사람 중심으로 '경영'하는 것으로 접근해 본 것이다.

전통적으로 우리의 삶을 지배하였던 《논어》도 우리가 우리 삶을 경영한 방도를 알려 준 것이다.

키에르케고르는 "자기의 체험을 낱낱이 상세하게 기술한다면, 그 사람은 철학상의 문제는 하나도 모르면서 벌써 철학자거 된 것"이라고 말했다. 이 책을 통해 독자 여러분 자신이 이미 '경영자'임을 확인할 수 있게 되기를 바란다.

2015년 10월

사람은 합리화 한다

지속되는 것이 효율적이다!

3

사람에게 정보는 비대칭이다

선물 : 나는 당신에게 주는 것은 알고 있지만, 당신이 무엇을 받는지는 모른다

4

경영 도처에 정보비대칭이 도사리고 있다

정보는 '평평하지' 않다

'평평하지 않는 세상'에서 '이상향'으로

사람은 유인誘引에 반응한다
기업은 유인을 제공하여 돈을 번다

불교의 팔만대장경도 요약하고 요약하면 '유심조
惟心造,' 즉 '생각하기 나름'이라고 한다. 그러면
경제학을 그렇게 요약하면 무엇일까? '사람은
유인에 반응한다'이다.

건강이라든지 기호에 따라 사람의 선택이 달라질
수 있지만 결국 변하는 유인에 따라 그 유인이 제
공하는 방향으로 사람들이 선택할 가능성이 높아
진다고 할 수 있다.

불교의 팔만대장경도 요약하고 요약하면 '유심조惟心造', 즉 '생각하기 나름'이라고 한다. 그렇다면 경제학을 그렇게 요약하면 무엇이 될까? '사람은 유인誘引에 반응한다'이다.

경제학이 이렇게 상정하는 인간은 다름 아닌 우리들 자신이다. 나와 당신 같은 평범한 장삼이사張三李四라는 말은 영어로는 'every man Jack'이다. 구분하면 '톰, 딕, 해리(Every Tom, Dick and Harry)'뿐만 아니라 돈푼깨나 있는 '브라운, 존스, 로빈슨Brown, Jones and Robinson' 등이 다 포함된다. 가지각색의 직업, '백정, 빵 기술자, 초 제조자(the butcher, the baker, the candlestick-maker)' 등 모든 사람에 해당된다. 즉 신분이나 직업, 그리고 빈부의 차이에 관계없이 사람은 주어지는 유인에 반응한다고 경제학은 전제한다.

그 중 빈부, 즉 서민인 '톰, 딕, 해리'와 부자인 '브라운, 존스, 로빈슨'들 간에 어떤 차이가 있는지에 대해 미국 소설가인 어니스트 헤밍웨이와 스캇 피츠제랄드 간에 있었다는 다음과 같은 대화가 전해진다.

피츠제랄드 : "이보게, 어니스트, 부자들은 우리랑 달라."

헤밍웨이 : "응, 알아. 그들은 우리보다 돈이 많지."

경제학이 전제하는 것처럼 직업, 신분 그리고 빈부의 차이에 관계없이 사람은 유인에 반응한다. 하지만 같은 유인이라도 그 반응 정도는 각각의 처지에 따라, 즉 직업, 신분 그리고 빈부에 따라 차이가 있다. 헤밍웨이가 시사하는 것은 바로 그 점이다. 즉 부자들이 그들의 돈을 가지고 반응하는 것이 가난한 사람들이 반응하는 것보다 위력적conspicuous이라는 점이다. 소설가의 예리한 눈으로 돈의 위력을 지적하는 것이다. 결국 '돈이 자본주의의 근간根幹'이라고 지적하면서 자본주의의 그런 점을 비꼬고 있는 것이다.

저녁식사, 각자 부담이냐, 공동 부담이냐

사람이 유인에 반응한다는 점을 당신이 그저 그런 사이인 네 사람과 함께 저녁을 먹게 된 경우를 가지고 생각해보자. 편의상 모든 사람들이 각각 2만 원짜리 정식(set menu) 다섯 가지를 주문했다고 하자. 저녁을 먹은 뒤에 각자 2만 원씩 내고 헤어지면 되는 각자 부담, 'go Dutch'다.

그런데 일행 중 한 사람이 식사가 끝나 갈 때 정식에 포함되지 않은 하나에 2천 원씩인 애플파이를 후식으로 시키자고 제안한다. 다이어트 때문에 신경이 쓰이는 당신은 파이는 사양하고 정식에 따라 나오는 커피만 마시면 된다고 생각한다.

당신은 2만 원만 내고 파이를 먹는 친구들은 각각 2만 2천 원을 내면 된다. 그러나 그 나대기를 좋아하는 친구가 우선 자기 카드로 계산을 하고 나중에 사람 숫자대로 정산을 하자고 제안한다. 균등분담으로 소위 1/n을 하자는 것이다.

이제 당신이 생각해 보니, 모두 애플파이를 주문하는데, 당신만 주문하지 않으면 당신이 내야 하는 금액은 2만 원이 아니라 2만 1천 6백 원이다. 정식 5가지의 비용 10만 원에 당신을 뺀 다른 4명이 먹은 파이 값 8천 원을 더해 나오는 총 10만 8천 원을 5으로 나눈 값이다.

이에 당신은 잠깐 고민한다. "먹느냐, 마느냐, 그것이 문제로다'라는 햄릿 식의 고민이다. 물론 햄릿은 '사느냐, 죽느냐'는 심각한 선택의 기로에 있었지만, 당신이나 햄릿이나 '일어나야 할 일이 일어나느냐'는 똑같은 선택의 문제에 직면한 것이다.

이제 우리는 당신이 파이를 먹을 것이라고 생각한다. 왜냐하면 이 경우 당신을 파이를 먹으면 2천 원을 더 내지만, 먹지 않아도 1,600원을 당신이 부담하기 때문이다. 정확히 말하면 당신이 먹은 것만 내는 각자 부담에서는 애플파이를 먹지 않지만, 총비용을 나눠서 내는 공동 부담에서는 당신의 선택이 2천 원을 내느냐, 1,600원을 내느냐로 달라졌기 때문에 당신이 파이를 먹을 가능성이 높아진다는 것이다.

물론 우리는 당신이 반드시 파이를 먹을 것이라고 확언을 하는 것은 아니다. 바뀐 상황에서는 당신이 애플파이를 먹을 확률이 높아진다는 점을 지적하는 것이다. '각자 부담'에서 '공동 분담'으로 바뀐 '유인'에 따라 당신의 결정이 달라질 수 있다는 점이다.

각자 부담하는 경우에 파이를 먹지 않으면 2,000원을 절약할 수 있었지만 분담하는 경우에는 어쨌든 1,600원을 내야 하므로 400원을 절약하는 데 불과하게 되어 당신이 애플파이를 먹을 것이라고 예측한 것이다. 즉 애플파이의 '상대적 비용'이 2,000원에서 400원으로 낮아지게 됨로 당신이 '공동 분담'의 경우에는 애플파이를 먹게 될 것이라고 보는 것이다.

당신의 일행 중 다른 사람들도 당신처럼 처음에는 애플파이를 먹을 생각이 없었더라도 이제 당신과 같은 생각으로 애플파이를 주문할 확률이 높아질 것이다. 그들도 당신과 같이 유인에 따라 반응하기 때문이다.

총체적으로 당신뿐만 아니라 일행 모두가 다 공동 분담 하에서는 애플파이를 주문한다고 예측한다. 애플파이를 공동으로 부담하기로 하면 그다지 파이를 먹고 싶지 않았던 사람도 애플파이를 먹게 되는 유인이 제공되기 때문이다.

이렇게 이야기를 하면 나오게 되는 즉각적인 반론은 '당신이 너무 돈에 민감하다'는 지적이다. 그렇다. 하지만 이것이 우리 이야기의 핵심은 아니다. 파이를 먹지 않아도 1,600원을 낸다면 파이를 먹지 않으면 한 푼도 안 내는 경우에 비해 2,000원을 내고 파이를 먹을 확률이 높아질 것이라고 말하고 있을 뿐이다. 물론 그 경우에도 당신이 다이어트에 더욱 신경이 쓰인다면 여전히 1,600원을 부담하면서도 파이를 먹지 않을 수는 있다.

이런 예의 교훈은 '당신은 주어지는 유인에 따라 당신의 반응이 달라진다'고 일반화할 수 있다는 것이다. 건강이라든가 기호에 따라 사람의 선택이 달라질 수 있지만 결국 변하는 유인에 따라 그 유인이 제공하는 방향으로 사람들이 선택할 가능성이 높아진다고 할 수 있다.

이탈리아인들은 검소하다?

음악 애호가인 한 저명한 의사가 이탈리아 작곡가 베르디의 고향을 방문했다. 이탈리아 북부에 있는 론콜레라는 조그만 도시인데, 그 의사는 그곳 사람들이 포도주를 우리 막걸리잔 같은 사기그릇에 마시는 것을 보고 이탈리아 사람들의 검소함을 칭찬하면서 우리의 사치스러운 '와인 문화'를 비난하였다.

이는 관광을 위해 이탈리아를 방문하고 느낀 소감을 피력한 것으로 그 의사는 그렇게 볼 수 있다. 그러나 경제학자인 나는 그와 견해를 달리 한다. 이탈리아인이나 우리나라 사람이나 그 각각의 상황에 따라 행동하는 것이다. 즉 주어지는 유인에 따라 행동하는 것이다.

포도주 산지인 이탈리아에서는 상대적으로 싼 포도주를 일상적으로 마신다. 그가 지적한 것처럼 우리 농부들이 논두렁에서 새참으로 양재기에 막걸리를 마시는 격이다. 그러나 현재 우리의 상황은 와인을 비싸게 수입해 고급 와인잔에 마시는 것이다. 비록 탁주인 막걸리는 양재기나 사기잔으로 마시지만.

이는 와인 문화가 검소한가, 사치스러운가의 문제라기보다 싼 제품은 싼 용기에 담아 소비하는 것이고 비싼 제품은 비싼 용기에 담아 소비하는 것으로 보아야 한다.

반면 그 의사가 비난한 우리 '문화' 중에서 내가 보기에도 귀담아 들을 가치가 있는 것도 있었다. 그는 환자들이 병원에 오기 전에 인터넷으로 소위 '서치search'를 하고 '전문가' 행세를 하면서 의사의 이야기를 들으려고 하지 않는 경우가 많다는 것이었다. 이는 외과와 같은 데에서는 가능하지 않겠지만 그 의사와 같은 내과계열은 그런 개연성蓋然性이 있을 것이다.

이에 현행 인터넷 제도는 아무런 제한이 없이 누구나 정보를 올리는 공개형 제도(open system)이다. 그렇다면 이를 개선하기 위해서는 어떤 역유인disincentive들을 제공하여 정보 범람의 폐해를 막을 수 있을까? '전문성' 정보를 공짜 인터넷에 올리는 경우에 사용료를 징수하는 것도 한 방안이다.

'기호에는 회계가 없다(There's no accounting for tastes)'라는 말처럼 '오이를 거꾸로 먹어도 제멋'일 것이다. 바나나 가운데를 잘라 먹거나 끝부터 까서 먹는 것은 습관일 것이다.

돼지들도 한 줄로 세워 놓는다면 그들끼리도 줄을 서는 '문화'가 나올 것이다. 이러한 멋, 버릇, 나아가 문화는 설명이 쉽지 않다. 아니 설명이 거기서 끝난다. 앞에서 말했던 것처럼 이탈리아인들은 검소하고 우리는 사치스럽다고 결론을 내려버리면 더 이상 논의하기가 어렵다.

다음에 볼 현상도 이탈리아에 관련된 문화적 차이로 흔히 지적된다. 뉴욕 맨해튼에서는 불법횡단 단속이 거의 없다. 사람들이 많기 때문에? 아마도. 그렇다면 로마는? 로마도 사람이 많지만 로마 시는 불법횡단을 단속하여 벌금을 매기고 있다. 왜? 이탈리아 사람들은 미국인들에 비해 교통법규에 그다지 신경을 쓰지 않기 때문이라고 문화적 차이로 돌릴 수 있다. 다만 그렇게 되면 더 이상의 설명이 가능하지 않다. 이탈리아인들은 자유분방해서 불법횡단을 너무 많이 한다는 판에 박힌 인종적 조크의 대상이 될 뿐이다.

> "천당에서는 요리사들은 프랑스인이고, 경찰은 영국인, 연인들은 이탈리아인이고, 이 모두를 운영하는 사람은 독일인이다. 반면 지옥에서는 요리사들은 영국인, 경찰은 프랑스인, 연인은 독일인, 이 모두를 경영하는 사람은 이탈리아인이다."

로마에서 불법횡단을 단속하는 현상의 경제적 설명은 다음과 같다.

뉴욕의 교통은 보통 승용차와 트럭이다. 따라서 불법횡단을 하다가 사고가 나면 가장 위험한 측은 불법횡단을 사람, 그 자신이다. 반면 사고 자동차나 트럭은 손실이 상대적으로 경미하다. 뉴욕에서 불법횡단을 하다가 사고를 당하면 당사자가 그 위험의 대다수를 수용해야 한다. 그러니 불법횡단 단속의 실익이 적다. 수익자 부담 원칙과 유사하게 불법횡단을 하는 사람이 그 위험을 부담하므로 행위자가 그 유인에 따라 그 행위를 결정한다.

반면 로마에는 자전거와 모터스쿠터가 많다. 로마에서 불법횡단을 하다 사고가 나면 불법횡단을 하는 사람뿐만 아니라 자동차와 달리 자전거나 스쿠터를 탄 사람도 피해를 입을 가능성이 높아진다. 따라서 로마에서는 불법횡단 단속이 상대적으로 더 심하다. 즉 로마 사람들이 뉴욕 시민들처럼 불법 횡단을 하다가는 뉴욕과 달리 다른 사람들에게 끼치는 피해가 심각하다. 따라서 로마 시에서는 불법횡단 단속을 강화해 불법횡단에 따른 유인을 변경시킴으로써 불법횡단을 줄이려고 하는 것이다.

　뉴욕 시민이나 로마 시민이나 불법횡단 성향은 같으나 뉴욕 시민들은 대체적으로 자기 위험 부담으로 하는 행위이니 뉴욕 시는 방관하는 셈이다. 반면 로마에서는 불법 횡단자 자신의 위험뿐만 아니라 다른 운전자들에게 끼치는 위험도 크니 불법횡단을 단속하여 불법횡단에 따른 '상대가격'을 올리는 것이다. 뉴욕 시민이나 로마 시민이나 유인에 반응하므로 그 제공되는 유인을 변경되면 그 반응 정도가 바뀌는 것이다. 국적에 관계없이, 이탈리아인이나 미국이나 유인에 반응한다!

　또 하나 미국인과 유럽인 간 문화적 차이로 지적되는 것이 기부이다. 미국인들은 매년 국내총생산의 3퍼센트 정도를 기부한다. 이는 다른 유럽 국가에 비해 꽤 높은 수준이다. 반면 유럽 국가들은 돈보다 시간으로 봉사하는 성향이 강하다. 미국인들의 봉사시간은 다른 국가 수준에 비하여 상당히 낮다. 이를 미국에서는 돈으로 기부하는 문화가 성행하고, 유럽 국가에서는 시간으로 봉사하는 문화가 성행한다고 볼 수 있다.

　유럽에서는 미국과 달리 정부가 공공서비스를 제공하는 성향이 강하다. 이를 위하여 유럽 국가들은 미국에 비하여 높은 세율을 유지한다. 이러한 경제적 특성이 대서양 간 양측의 기부 문화의 차이를 발생시키는 것이다.

기업은 고객에게 유인을 제공하여 돈을 번다

항공사들은 가능하면 전좌석 매진을 원한다. 그러나 항공권을 구입한 고객 중 극히 일부는 예약한 비행기를 탈 수 없게 된다. 출발시간에 맞춰 공항에 도착할 수 없거나 급한 일이 생겨 여행을 할 수 없기 때문이다. 이에 항공사들은 좌석 수 이상으로 좌석 판매를 할 유인을 갖게 된다.

이렇게 항공사가 초과 판매overbooking를 했는데 비행 시에 좌석이 부족하면 어떻게 하는가? 지난 1960년대 항공사들은 이런 경우 맨 나중에 도착하는 고객들에게는 다음 편 비행기의 좌석을 제공할 수밖에 없었다. 즉 항공사는 승객들의 상황에 대한 고려가 없이 단순히 선착순으로 그들이 만들어 낸 문제를 해결하였던 것이다. 당연히 분노한 승객들은 정부에 항공사들의 초과판매 관행을 금지해 줄 것을 요청하였다.

물론 정부가 개입해 초과판매를 금할 수는 있지만 그렇게 되면 빈 좌석이 생겨날 것이다. 이번에는 좌석 수만큼만 판매했는데 위에서 언급했던 이유들로 비행기를 타지 못하는 승객들이 생겨나기 때문이다. 그러면 항공사는 비행기를 타지 못하는 고객들에게 벌과금을 물리거나 그럴 수 없다면 종국적으로 항공료 인상으로 대처하게 되므로 정부는 민간산업에 대한 직접적인 규제를 피한다.

이제 항공사들이 새로운 방안들을 고안해 내기 시작하였다. 한 방법은 좌석이 부족한 경우 승객들에게 이번 비행기 대신에 다음 비행기로 가는 경우에 필요한 보상 금액을 적어 내도록 봉투를 주는 것이다. 그 결과 가장 적은 금액을 적어 낸 승객에게 그 금액을 지불하고 다음 편 비행기에 탑승시키는 것이다. 상대적으로 급하지 않은 고객들이 선택되겠지만 승객들에게 유인을 제공하여 초과 좌석 문제를 해결한 것이다.

이 방법은 경매 형식으로 좌석 초과 문제를 해결하지만 항공사 입장에서는 추가 현금이 들어가는 단점이 있다. 이에 항공사는 한걸음 더 나가 다음 편 비행기로 갈 의향이 있는 고객에게는 미래에 쓸 수 있는 비행기 표를 공짜로 제공하겠다고 발표한다. 이렇게 되면 들어갈 수 있는 현금도 절약하고 제공하는 미래의 비행기 표를 성수기가 아닌 비수기에 사용할 수 있게 하면 미래 표를 제공하는 데 따르는 비용도 거의 없다. 혹은 미래에 사용할 수 있는 비행기 표 대신에 미래에 표를 구입할 때 사용할 수 있는 할인쿠폰을 제공하여 이런 제한을 두지 않을 수도 있다.

이러한 방법들로 비행사는 좌석 초과 판매를 지속하여 이윤을 증가시킬 수 있고 승객들도 주어지는 유인에 따라 반응하게 됨으로써 상대적으로 적은 비용으로 탑승 혜택을 누릴 수 있는 것이다.

동물도 유인에 반응한다 : 신 조삼모사新 朝三暮四

중국의 고전 《열자》에는 소위 '조삼모사' 이야기가 나온다. 송나라 때 원숭이를 기르던 원숭이 선생(狙公, 저공)이 형편이 어려워지자 원숭이 먹이 도토리 숫자를 줄이고 싶었다. 그래서 그는 원숭이들에게 "이제부터 먹이로 하루에 도토리 7개를 주는데, 아침에 3개 저녁에 4개씩 나눠 주겠다"고 말했다. 그러자 원숭이들은 아침에 3개 갖고는 부족하다며 화를 냈다. 이에 주인이 "그렇다면 아침에 4개 저녁에 3개를 주겠다"고 말하니 원숭이들이 좋아했다는 내용이다.

열자의 지적대로 조삼모사나 조사모삼朝四暮三이나 하루에 같은 일곱 개인데 그 차이를 깨닫지 못하고 일비일희一悲一喜한 원숭이들의 어리석음을 우리는 비웃는다. 우리는 이런 노회老獪한 원숭이 선생 수법을 기리기 위해서 소위 'Three in the morning'이라 하여 '다른 것 같지만 실제로는 같은 이야기를 하는 경우'를 지칭한다.

이런 우리의 생각 이면에는 원숭이도 우리와 같이 유인에 따라 반응을 하는데, 이 경우에는 원숭이들에게 제공되는 유인에 변동이 없는데 원숭이들은 그런 줄 알고 반응하였다고 본 것이다. 원숭이 먹이를 줄이고 싶었다는 점을 언급하는 것을 보면 열자가 지적하는 원숭이의 어리석음은 더 큰 데 있었다.

도사 원숭이 선생은 도토리를 아침에 세 개를 주느니 네 개를 주느니 하면서 원숭이들을 농락하며 결국 하루에 주는 도토리 숫자를 여덟에서 일곱으로 줄일 수 있었을 것이다. 이 전략에 놀아난 원숭이들은 아침에 세 개 대신 네 개를 얻는 '전투'에서는 이겼지만 하루에 지급되는 도토리 수는 줄어들어 '전쟁'에서는 진 셈이다. 원숭이들은 소탐대실小貪大失의 우愚를 범한 셈이다. 이 점이 열자가 암묵적으로 지적한 원숭이들의 큰 어리석음이다.

이런 도사 선생의 전략은 사냥개를 끌고 토끼를 사냥할 때 급히 쫓다가 천천히 쫓고 또 급히 쫓는 등 완급緩急을 조절해 토끼의 힘을 뺀 후 잡는 전형적인 수법이다. 'Play fast and loose'랄까? 이에 정신을 빼앗긴 원숭이들은 작은 것에 신경을 쓰다 큰 것을 놓치게 된다. 일단 어떤 일에 발을 담그게 되면 빠져 나오기 어려운 우리의 심리를 이용하여 작은 것을 주고 큰 것을 잃게 하는 소탐대실이다.

사람이나 동물이나 유인에 반응하는 데 조삼모사 고사는 유인의 내용에 대하여 시사하는 점이 있다. 원숭이가 아침에 도토리 4개를 받다가 3개밖에 주지 않는다고 하니 반발한 것으로 그 핵심은 4개를 받다가 한 개를 잃어 3개가 되는 점이다. 아침에 원래 3개와 4개였는데 하나를 빼앗겨 3개가 되는 것이 같은 셋이지만 원숭이들에게는 느낌이 똑같지 않았다는 생각을 해볼 수 있다. 왜냐하면 사람들의 경우 하나를 얻는 기쁨보다 가진 것 하나를 잃는 슬픔이 더 큰 것으로 조사되기 때문이다. 사람이나 동물이나 유인에 반응하고 나아가서 똑같이 하나를 얻을 수 있는 유인과 하나를 잃을 수 있는 유인이 같지 않음도 유추할 수 있는 고사이다.

사람이나 동물이나 유사하지만 반면 사람은 합리적 동물이라기보다도 합리화하는 동물이다. 비록 유인에 따라 움직이지만, 사람은 동물보다 자기 목적에 부합하는 즉 합목적合目的 방향으로 움직인다고 볼 수 있다. 사람들이 의식적으로 창출한 기업 조직도 그런 성향을 나타낸다.

2

공짜 점심은 없다

사람에게 절대적 필요란 없다

에덴동산에서 쫓겨난 이래 우리는 모든 것을 '이마에 땀을 흘리며' 얻어야 한다. 우리에게 모든 것이 공짜로 주워지는 것이 아니라 우리가 노력하여 획득하여야 한다. 우리에게 공짜는 없다!

나아가서 우리는 우리가 원하는 모든 것을 다 가질 수 없다. 우리가 원하는 것은 항상 가진 것보다 더 많다. 이에 우리는 가진 것을 가지고 원하는 것을 충족시키는 선택의 삶을 영위하고 있다. 우리의 '욕망'이나 '필요'는 다 충족되어야 되는 절대적인 것이 아니라 선택의 대상이다. 어떤 필요는 충족시키고 다른 필요는 억제되어진다.

에덴동산에서 쫓겨난 아담과 이브

처음에 아담은 에덴동산에 있었으니 고민이 없었을 것이다. 그래도 쓸쓸할까봐(?) 하나님이 이브를 만들어 준 것을 보면 아담도 고민이 아주 없지는 않았던 모양이다. 그래도 최소한 경제적인 문제는 없었다. 물질적 부족함이 없었기 때문이다. 경제적 문제는 아담과 이브가 에덴동산에서 쫓겨난 이후에 생긴 것이다.

아담조차도 이브와 우리가 알고 있는 다음과 같은 문제를 겪고 있었다는 농담이 있다:

"아담, 도대체 왜 매일 밤늦게 들어오는 거야? 당신, 여자라도 생겼어?"

아담이 대답했다.

"이브, 당신이 알고 있듯이 그건 말도 안 되는 소리야. 당신은 나의 유일한 여자, 아니 당신은 세상에서 유일한 여자잖아."

그날 밤 잠에 곯아 떨어졌던 아담은 갑자기 옆구리가 찔리는 느낌에 잠에서 깨 이브에게 물었다.

"이브, 지금 뭘 하고 있는 거야?"

"당신의 갈비뼈를 세고 있지."

이브는 아담의 갈비뼈로 만들었다…. 그런데 아담과 이브는 창세기 1에 나오는 문자 그대로 창조된 것인가, 아니면 창세기 2에서 말하는 것처럼 아담이 먼저 창조되고 이브가 나중에 창조된 것인가? 위 이야기는 후술을 전제로 하고 있다. 그래도 아담과 이브 간에는 법적인 문제까지는 가지 않을 것이다.

어쨌든 에덴의 동산에서 쫓겨난 이래 우리는 모든 것을 '이마에 땀을 흘리며(by the sweat of one's brow)' 얻어야 한다. 즉 경제적 문제에 직면한 것이다. 이것이 에덴의 동산에서 쫓겨난 업보일 수 있지만 사람의 운명이다. 우리에게 모든 것이 공짜로 주워지는 것이 아니라 우리가 노력하여 획득하여야 한다.

사과 맛을 보고 에덴동산에서 쫓겨난 이상 아담과 이브는 더 이상 사과 맛을 보는 데 주저할 필요가 없어졌다. 그러나 이제는 둘 다 땀과 노력이 수반되는 삶을 살아야 했다. 먹어서는 안 되지만 사과가 지천으로 있던 에덴동산과는 달리 이제는 땀과 노력을 들여서 사과를 찾아야 했다. 그들은 광야를 헤매다가 눈 좋은 이브가 나무에 달려 있는 사과를 발견했다. 이에 둘은 달려가서 그 사과를 땄다. 아무래도 빨리 달리고 키가 큰 아담이 직접 그 사과를 땄겠지만.

이때 그 사과는 처음 발견한 이브의 것일까, 아니면 손으로 딴 아담의 것일까? 이런 경우 이브가 그 사과를 가지는 것이 사회적 법이 된다면 결국 사회에는 예리한 주의력을 가진 사람들이 많아질 것이다. 반면 아담이 그 사과를 가지는 것이 법이라면 체력이 강한 사람들이 늘어나게 된다.

나중에 한 사람이 그 사과나무 주위에 담장을 둘러치고 "이 사과나무는 내 것이다"라고 선언했다. '재산은 절도'라는 사회주의자 프루동의 말이 여기에 연상된다. 어쨌든 그런 일을 생각해 내고, 그것을 그대로 믿을 만큼 단순한 사람들을 발견한 이 사람이 루소에 따르면 '인간사회의 진정한 창립자'이었다.

헤매고 다니던 아담과 이브는 사막에 당도했다. 길을 잃은 그들은 갈증으로 죽음의 문턱에 다다랐다. 겨우 오아시스를 발견했으나 그곳에 있는 물은 불행히도 겨우 한 사람만 마실 수 있는 양뿐이었다. 아담과 이브가 그 물을 다정히 나눠 먹는다면 공평公平할지는 몰라도 효율적이지는 않다. 둘 다 죽을 수 있기 때문이다. 둘 다 죽는 것보다는 한 사람이라도 살아남는 것이 더 낫다는 의미에서 '효율效率'이라고 경제학은 보는 것이다.

한 농촌에 의좋은 형제가 살았다. 둘은 같이 농사를 짓고 수확물을 똑같이, 서로 평등하게 나눠 가졌다. 그런데 한밤중에 형이 곰곰이 생각해 보니 신접살림을 차린 동생이 더 가져야 할 것 같았다. 이에 형은 논으로 나가서 자기 몫의 낟가리에서 볏단을 가져와 동생 몫으로 옮겨 놓았다. 그러나 형이 아침에 일어나 보니 자기 몫이 조금도 줄어들지 않고 그대로였다. 전날 밤 동생도 "형이 식구도 더 많고 살림 규모도 더 크니 볏단이 더 필요할 거야"라고 생각해서, 자기 몫 중에서 얼마를 형의 낟가리로 옮겨 놓았던 것이다.

그 다음 날 밤, 어슴푸레한 달빛 아래에서 형제는 또 다시 볏단을 옮겼다. 각자의 볏단을 지고 걸음을 옮기던 형제는 가운데서 마주쳤다. 서로를 알아본 형과 동생은 진한 형제애를 느끼며 부둥켜안았다.

형제간의 우애를 강조한 옛 이야기인데, "공평함도 보는 사람에 따라 다르다"는 점을 시사하고 있다. 선의로 해석했을 때 공평이 얼마나 우리 마음을 훈훈하게 해주는지를 보여 준다.

반면에 공평이란, 미美와 같이, 보는 이의 눈에 달려 있기 때문에, 공평의 이름 아래 벌어진 인간 간의 쟁투는 역사에 기록되었든 아니든 간에 인간의 역사를 얼룩지게 만들어 왔다.

앞에서 말한 '사막의 물'을 누가 먹어야 하나, 하는 문제는 광야에서 발견한 사과와 같이 그 물이 누구의 물이냐에 달려 있다. 아마 그 물의 '주인'이 마실 것이다. 이때는 그 물을 먼저 발견한 사람이 주인이냐, 아니면 오아시스에 먼저 달려온 사람이 주인이냐, 하는 기준이 필요하다. 이러한 사회적 기준에 따라 시력이 좋은 사람이 많아지거나 달리기를 잘하는 사람이 늘어날 것이다. 소위 '적자생존'의 법칙이다.

에덴동산에 있는 사과는 하나님의 것인데, 무엄하게도 아담과 이브가 범해서 죄를 받은 것이다. 불경스럽게도 하나님이 재산권(property right)을 가지고 있는 사과를 주인인 하나님의 허락 없이(먹지 말라는 엄명에도 불구하고) 먹은 것이다. 세속적으로 설명한 것이 불경할지는 모르지만 허락 없이 하나님의 재산권을 침해했으니 하나님의 천국에서 쫓겨난 것은 당연하다.

인간사회에서는 정부가 재산권을 규정하고 보호하고 또 때때로 시행하는 것이 보통이다. 이 사막의 경우에는 정부가 없으니 재산권도 정할 수 없지만….

부족한 사막물의 경우는 물을 못 먹는 사람은 죽는다는 의미에서 사회적 정의 문제가 더 절실하다. 그러나 아리스토텔레스의 지적대로, 약자는 항상 정의와 공평을 갈구하지만 강자는 그 둘 중 어느 것에도 신경 쓰지 않는다. 공평과 동전의 양면을 이루는 정의를 평등으로 주장할 수 있다. 이 경우 물을 평등하게 똑같은 양으로 나눠 마시면 두 사람 다 죽는다. 또한 사회정의를 기회균등으로 볼 수 있다. '사막의 물'을 마실 수 있는 기회가 사회 구성원에게 균등하게 주워져야 한다는 것이다(물론 물의 주인이 없는 경우에만 가능하지만). 그런 경우는 누가 물을 마실 것인가를 추첨으로 결정하면 된다. 물론 아담과 이브는 서로 사랑하는 사이니 전혀 다른 결과를 예상할 수도 있다. 물을 나눠 먹고 함께 죽는 것이 한 사람만 살아서 다른 사람의 죽음을 지켜보는 고통을 당하는 것보다 오히려 더 나을 수도 있다.

이렇게 아담과 이브 사이는 정의와 효율 문제 간의 갈등이 해소될 것이다. 사랑이 평등, 공평, 정의 그리고 효율을 통합하는 것일까? 영국의 경제학자 데니스 로버트슨 경이 경제학자들에게 '그 희소자원, 사랑'의 사용을 경제화 할 수 있는 방안을 강구해 보라고 했을 때는 바로 이 점을 유의한 것이다. 로버트슨은 "어느 사회나 희소해서 가장 가치 있는 자산이 있고, 그게 바로 남을 배려하는 사랑"이라고 하면서 "그 귀한 희소자원을 낭비하지 않도록 정책을 세워야 한다"고 말했다.

실패는 아직 희망이다

이 사람은 누구일까?

1831년, 사업에서 실패했다. 1832년, 주 의회의원선거에 출마했다가 낙선했다. 1834년, 또 다시 사업에서 실패했다. 1835년, 사랑하는 여자가 죽었다. 1836년, 신경쇠약에 걸렸다. 1838년, 두 번째 정치적 경선에서 실패했다. 1843년, 연방 하원의원에 출마했으나 떨어졌다. 1846년, 연방 하원의원 선거에서 또다시 낙선했다. 1848년, 연방 하원의원 선거에서 또다시 떨어졌다. 1855년, 연방 상원의원에 출마해 떨어졌다. 1856년, 부통령에 출마했으나 실패했다. 1858년, 연방 상원의원 선거에서 낙선했다.

아마도 대부분의 독자들은 이미 누구의 이야기인지 알고 있을 것이다. 바로 1860년 미국 16대 대통령으로 선출된 에이브러햄 링컨이다. 정치적 경력만 따져도 8번 출마해 모두 낙선하고 9번째 도전에서야 겨우 성공했다. 문자 그대로 7전 8기보다 더한 8전 9기였다. 이 정도면 대기만성大器晩成이라 해도 이만저

만이 아니다. 어쩌면 큰 그릇을 더 크게 사용하려고 하느님이 일부러 시련을 안겨 주었는지도 모를 일, 큰 그릇은 크게 쓰인다는 대기대용大器大用이다.

말할 것도 없이 링컨의 위대함은 끊임없는 노력에 있다. 무엇보다 연속적인 실패에도 불구하고 희망을 잃지 않았다는 것이다. 자중자애自重自愛의 정신, '실패는 희망이 이루어진 것이 아니므로 실패는 아직 희망'이라는 그의 각오 말이다. 축전기를 발명하기 위한 실험에서 5천 번이나 실패한 뒤에 "이제 나는 작동되지 않는 5천 가지 방법을 알게 됐다"고 말했다는 토마스 에디슨의 불굴의 정신 그 이상이다. 윈스턴 처칠은 '실패와 실패 사이를 열정을 가지고 뛰어다니는 것을 성공'이라고 말했다. 이에 해당되는 사람이 바로 링컨이다. 이 때문에 예수와 셰익스피어에 대한 책을 빼고, 영어권에서 링컨에 대한 저술이 가장 많은지도 모르겠다.

이렇게 링컨이 자중하고 자애하는 정신으로 '실패와 실패 사이를 열정을 가지고 뛸 수 있었던' 원천은 무엇이었을까? 우선 아무리 링컨이라도 주 의회 의원이나 연방정부 의원 자체가 목표였더라면 7번이나 실패했을 때 열정을 유지하긴 어려웠을 것이다. 링컨에게 의원이라는 것은 자신의 이상을 실현하는 하나의 방편에 불과하였을 뿐이었다. 즉 의원으로 선출되는 것 자체가 목표는 아니었다는 것이다. 바로 이 점을 두고 흔히 인생의 성공을 이루는 요체는 '무엇이 되겠다고 생각하는 대신 무엇을 하겠다고 생각'하는 것이라고 지적하곤 한다.

링컨은 연속적인 실패에도 굴하지 않고 결국 성공을 이루어냈다고 요약할 수 있지만 바로 이 점에서 '한 번 시작한 일은 실패하더라도 반드시 결실을 보라'는 충고로 해석할 수도 있다. 즉 링컨은 자기 이상의 실현이라는 목표에 집념을 가지고 있었던 것이다. 주 의회나 연방 의회를 통한 정계 진출은 그 방편에 불과했기에 계속된 실패에도 불구하고 포기하지 않고 목표를 이룰 수 있었다.

할 만한 가치가 있는 모든 것들은 사회에 이득을 가져 온다. 다만 링컨은 "할 만한 가치가 있는 무엇만, 잘할 가치가 있다 〈Whatever is worth doing, is worth doing well〉"는 통속적인 격언을 '경제적'으로 잘 적용하였을 뿐이다. 인간이 에덴동산에서 쫓겨난 이래 자연은 인간에게 인색하여 세상에는 공짜가 없기 때문이다. 세상일을 도모하는 데는 비용이 들기 때문에 사회에 이득을 가져오는 가치가 있다고 해서 모든 일을 다 할 수는 없다. 비용에 비례해 이득이 큰 것들만 선택할 수밖에 없다. 바로 이런 점이 위에서 말한 격언이 가지고 있는 경제적 해석이다.

링컨은 모든 일에 사회적 이득과 비용을 대비하여 그 차이가 큰 것만을 실행하는 통찰력을 견지하였다. 예컨대 링컨이 노예 해방에서 보였던 일련의 보수적인 태도는 비난의 소지가 있지만, 일방적인 노예 해방 추구는 비록 이득이 크기는 하지만 비용도 막대하여 한 국가로서 유지되기가 어려웠다. 이러한 링컨에게 '노예 해방을 부르짖으며 전쟁을 벌인 것보다 차라리 돈을 주고 노예들의 자유를 사는 편이 비용 면에서 더 경제적'

이었을 거라는 호사가들의 주장은 그야말로 객담에 불과하다.

한편 주제에서 벗어난 이야기이긴 하지만 링컨의 아들인 로버트 링컨과 암살 사건과의 악연은 기이하기까지 하다.

링컨이 죽은 지 19년 후, 그가 국방장관에 속한 전쟁장관으로 임명되어 워싱턴 기차역에 도착했을 때 제임스 가필드 대통령이 저격당했고, 그는 그 광경을 목격한다. 1901년에는 풀먼사의 사장으로 일하다가 가족과 함께 윌리엄 매킨리 대통령의 초대를 받아 도착하기 바로 직전 매킨리 대통령이 저격을 당한다.

로버트 링컨은 이렇게 중얼거렸다 한다. "내가 가는 곳에는 대통령 암살이 뒤따르나 보다." 링컨 대통령이 암살당할 때도 하버드 대학에 재학 중이던 로버트 링컨이 집에 돌아와 있었기 때문이다.

실패와 좌절, 절망 속에서 인생을 꽃피웠던 예는 링컨에게서만 찾을 수 있는 것이 아니다. 불우했던 작가 오 헨리의 작품 《마지막 잎새》에서도 우리는 실패와 좌절 속에도 희망이 숨어 있음을 본다.

폐렴에 걸려 죽음만 기다리는 무명의 화가 지망생 존시. 그녀는 창 건너편 벽돌담 위에 몇 남지 않은 잎을 세고 있다. "마지막 잎이 떨어지면 나도 세상을 떠나게 될 거야" 하면서.

우연히 같은 아파트에 사는 늙은 화가인 베어먼이 이 말을 듣고는 밤에 몰래 나가 그 담벼락에 그림을 그린다. 마지막 잎이 남아 있는 담쟁이덩굴을. 비바람이 몰아치던 밤이 지나고 존시는 창을 연다. 마지막 잎이 졌을 거라고 생각하면서.

그러나 그 잎은 끈질기게 붙어 있었고, 기운을 얻은 존시는 병을 이겨낸다. 대신 간밤의 비바람에 폐렴이 걸린 버먼이 세상을 떠난다. 버먼은 자기 인생에서는 실패자인 셈이지만, 희망을 잃어서는 안 된다는 교훈을 남기고 간 셈이다.

　　철학자이자 문학가로서 재능을 떨쳤던 키에르케고르는 "사람은 누구든 '기대'와의 관계 속에서 위대해진다"고 하였다. 어떤 사람은 가능한 것을 기대함으로써 위대해졌고, 또 다른 사람은 영원한 것을 기대함으로써 위대해졌지만, 가장 위대했던 사람은 불가능한 것을 기대했던 사람이라는 것이다.

　　이러한 키에르케고르의 추론은 아무리 그 목적하는 바가 요원하더라도 희망을 잃지 않는 것이 핵심이라는 점을 시사한다.

　　이래도 실패가 두려운가? 여전히 불가능에 도전하는 일이 무모하다고 생각하는가? 세상은 실패에 당당하게 맞서 끝까지 최선을 다하는 사람들의 몫이다. 여덟 번 넘어져도 아홉 번 도전하고, 마침내 목적을 달성한 링컨처럼.

성공한 순간 새로운 성공을

톨스토이는 '행복한 가정은 모두 비슷하고, 모든 불행한 가정은 제각각의 방식으로 불행하다'고 하였다. 성공한 기업들이 실패하는 방식 또한 모두 비슷하다. 일단 성공한 뒤에 그 성공을 유지하지 못한다는 것이다.

성공은 어렵다. 하지만 성공의 유지는 더 어렵다. 대부분의 사람들은 일단 성공에 이르면 방심하기 쉽다. 이러한 인간의 심리뿐 아니라 후발 경쟁자의 추격을 방어하는 수성守成의 어려움이 성공의 유지를 가로막는다.

여기에 성공 자체가 지닌 특징도 한몫하고 있는데, 모든 성공은 이미 쇠퇴의 씨앗을 품고 있기 때문이다. 초기에는 서서히 출발해서 성공했다고 해도 결국 쇠퇴하는 것이 기업을 포함한 모든 인간 행위의 경로이다. 그렇다면 성공을 지속시킬 방법은 없는가?

그 방법을 찰스 핸디의 저서 《역설의 시대》가 제시한다. 그에 따르면 "모든 성공에는 반드시 끝이 있기 때문에 한 가지 성공에만 매달리지 말고, 그 성공이 절정에 도달하기 전에 또 다른 성공을 거둘 수 있는 새로운 방법을 생각해서 도입하라"

는 것이다.

그 새로운 방법을 정착시키기 위해서는 많은 시간과 노력이 들지만 종전의 성공이 아직 계속되고 있으므로 능히 그 비용을 부담할 수 있다. 만약 아무런 대비 없이 종전의 성공이 내리막길을 걷기 시작한다면, 때는 이미 늦다. 새로운 방법을 정착시킬 수 있는 시간과 비용이 더 많이 들기 때문이다. 한마디로 성공을 지속시키기 위해서는 그 성공이 끝나기 전에 새로운 성공을 준비해야 한다는 것이다.

구체적인 예로, '제품수명주기' 가설을 살펴보자. 한 제품이 시장에 나와 성공한다 해도 '신제품' '성장상품' '성숙상품' 그리고 '사양제품'의 단계를 거치게 마련이다. 이러한 제품수명주기는 처음에는 매출이 미미하다가(신제품), 서서히 늘어나는 단계를 거치고, 급격히 신장하는 성장단계에 접어든다. 다음으로 매출이 극대화되는 성숙단계를 지나, 점차 매출이 줄어드는 사양단계를 밟는 비스듬한 S자형 형태를 나타낸다. 따라서 한 제품이 성공해서 '성장상품'을 지나 '성숙단계'에 이를 때 다른 '신제품'이 시장에 나와야 하는 것이다. 그래야 첫 번째 상품이 '사양단계'로 접어들게 되더라도 두 번째 신제품이 '성장단계'에 이르게 되어 지속적인 성공을 거두는 게 가능해진다.

제품, 기업, 나아가 모든 인간의 행위는 보통 이러한 비스듬한 S자형 성장 형태를 보인다. 초기에는 서서히 출발해서 번영했다가 시간이 지나면 쇠퇴하는 것이다. 기업의 역사를 보더라도 수많은 기업들이 성공신화를 썼다가 어느 순간 사라졌다. 진정으로 성공에 이른 기업은 이런 S자형의 경로의 숙명에도 불구하고 지속적으로 존재하는 조직, 즉 지속적 기업(going concern)이라고 할 수 있다. 성공적인 기업들은 일시적 성공뿐만 아니라 지속적 성공을 유지하기 위해서, 핸디의 표현대로 성공적인 첫 번째 S자형 커브가 하강 국면으로 접어들기 전에 새로운 두 번째 커브를 시작하는 것이다.

이렇게 보면 지도자란 첫 번째 커브의 성공적 운영뿐만 아니라 그 첫 번째 커브가 퇴조하기 전에 새로운 커브를 시작하는 비전을 지녀야 한다.

한 성공적인 대기업 회장은 사원들에게 이렇게 말했다.

"오늘 나는 여러분들에게 두 가지 메시지를 전하고 싶다. 첫째로 우리는 전에 볼 수 없는 매우 성공적인 비즈니스를 운영하고 있다는 것이고, 둘째로는 지속적인 성공을 위해 우리가 지금 하고 있는 방법을 보다 근본적으로 변화시킬 새로운 방법을 찾아야 한다는 점이다."

봄, 여름, 가을, 겨울…. 계절은 순환한다. '모란이 피기까지는' 언제까지나 기다리면 된다. 그러나 '찬란한… 봄을' 맞이하기 위해서는 부단한 노력이 필요하다. 그 '찬란한 봄'이 '찬란한 슬픔의 봄'이 되지 않도록 하려면 정성과 노력을 기울여야 한다.

성공적 삶은 성공의 첫 번째 커브가 퇴조하기 전에 두 번째 커브들이 연속적으로 시작되도록 하는 것뿐이다. 이것은 비단 기업에게만 해당되는 게 아니다. 결혼을 비롯한 모든 인간관계에서도 이 규칙이 적용된다. 한 번의 성공이 아니라 지속적인 성공을 바란다면.

숲에는 두 갈래 길이 있다

로버트 프로스트는 주로 미국 뉴잉글랜드 지방의 전원생활을 노래한 시인이다. 그의 시 중에서 가장 널리 알려진 작품이 〈가지 않은 길〉인데, 그의 다른 전원시들과 마찬가지로 "숲속의 일상에서 인생의 단면을 상징적으로 끌어내는 데 성공했다"는 평을 얻고 있다.

노란 숲속에 길이 두 갈래로 났었습니다.
나는 두 길을 다 가지 못하는 것을 안타깝게 생각하면서
오랫동안 서서 한 길이 굽어 꺾여 내려간 데까지
바라다 볼 수 있는 데까지 멀리 바라보았습니다.

그리고 똑같이 아름다운 다른 길을 택했습니다.
그 길에는 풀이 더 있고 사람이 걸은 자취가 적어,
아마 더 걸어야 될 길이라고 나는 생각했었던 게지요.
그 길을 걸으므로 그 길도 거의 같아질 것이지만.

숲속에 두 갈래의 길이 나 있다. 시인은 둘 중 사람이 적게 다닌 길을 택한다. 두 길을 다 갈 수는 없다. 아쉬워도 다른 한 길은 포기할 수밖에 없다. 시인이 그랬던 것처럼 우리도 하나의 길을 선택해야 한다. 그때 다른 길에서 얻을 수 있는 기쁨의 손실, 즉 우리가 결정을 내려 선택한 결과 포기하게 된 것을 기회비용이라 한다. 즉 그날 아침 노란 숲속에서 시인의 선택에 따른 기회비용은 가지 않은 길, 사람이 많이 다닌 길인 셈이다.

대학을 졸업한 뒤에 많은 사람들이 취업과 진학을 앞에 두고 고민을 한다. '안타깝게도 두 길을 갈 수 없는' 이의 망설임이다.

한 젊은이는 '오랫동안 서서 한 길이 덤불 속으로 꺾여 내려간 데까지, 바라다볼 수 있는 데까지 멀리' 보고는 '사람이 적게 간 길', 대학원 진학으로 진로를 정하였다. 이 젊은이가 취직을 해서 연간 3천만 원을 벌 수 있었다면 그가 대학원에 진학하는 데 따른 기회비용은 3천만 원의 연봉이 된다. 따라서 그가 대학원에 진학하는 데 든 총 비용은 이 기회비용에 대학원 진학에 따른 학비 등의 비용을 보탠 금액이 된다.

한편 이 젊은이가 대학원에 진학하는데, 이를 축하하는 의미로 그 젊은이의 고모가 자기가 쓰던 차를 타라고 준다. 시가 1천만 원에 상당하는 차이다. 그리고 그 고모는 그 차에 드는 기름 값, 정비 수선비, 보험 등 모든 제반 경비도 부담한다고 한다. 그 젊은이 입장에서는 돈 한 푼 들지 않는 '공짜 점심'이다. 물론 고모는 조카가 그 차를 팔아 학비에 보태도 된다고 한다.

자, 그러면 그 젊은이가 그 차를 타고 다니는 기회비용은 무엇일까? 그가 차를 타고 다니는데 따른 기회비용은 그 차를 팔아 얻는 돈 1천만 원을 갖는 기회를 잃어버리는 것이다. 그 차를 타는 대신 팔아서 1천만 원을 받아 은행에 예금한다면 연 50만 원의 이자소득을 얻을 수 있었다. 그리고 그 차가 일 년 후에 값이 8백만 원이 된다면 그 가격 하락 분 2백만 원도 그의 기회비용이 된다. 따라서 그가 향후 일 년 간 그 차를 타고 다닌다면 그 일 년 간 총 기회비용은 250만 원이 된다. 즉 그는 250만 원을 얻는 대신에 차를 타고 다니는 것이다.

그가 차를 몰고 다녀도 그가 지출하는 돈은 없지만 그는 연 250만 원의 소득을 포기하는 셈이다. 공짜지만 사실은 공짜가 아닌 것이다. 이에 이 세상에는 '공짜 점심 같은 것은 없다(There's no such thing as a free lunch)'고 하는 것이다.

로버트 프로스트는 시의 마지막 연에서 한숨을 쉬듯 이렇게 노래한다.

숲 속에 두 갈래 길이 있었다고,
나는 사람이 적게 간 길을 택하였다고,
그리고 그것 때문에 모든 것이 달라졌다고.

시인은 오랜 세월이 지났을 때 한숨을 쉬며, 그때의 선택을 후회할지도 모르겠다고 했다. 자신의 선택으로 인해 시인은 사람들이 많이 간 길, 도시에서의 삶을 기회비용으로 잃었겠지만, 그리하여 그가 후회를 했는지는 알 수 없지만, 그가 정반대의 선택을 했을 때 우리는 프로스트와 같은 전원시인을 잃게 되었을지도 모른다. 그 기회비용은 아마 측정하기 어려울 것이다.

그럼에도 프로스트의 마음은 염세적 철학자로 알려진 쇼펜하우어가 '행복한 삶이란 생존하지 않은 것보다는 월등히 나은 것'이라고 서문을 쓴 《인생론》 말미를 장식한 다음과 같은 심정과 비슷하지 않았을까. 너무 비관적이고 겸손한 점을 뺀다면.

이제 나는 길 끝에 피곤하게 서 있다. 주름 잡힌 얼굴에 월계관은 거의 어울리지 않고. 그러나 나는 내가 해온 것들을 즐겁게 본다. 남들이 말하는 것에 거의 웅크려 들지 않고.

이 점에 대한 프로스트의 견해는? 그의 다른 시 〈눈 내리는 저녁 숲을 지나며〉이다.

숲은 아름답다, 검고 깊다.
그러나 나는 지켜야 할 약속들이 있다.
그리고 잠들기 전 가야 할 먼 길이 있다.
그리고 잠들기 전 가야 할 먼 길이 있다.

인생을 위한 세 가지 연습

누구나 해볼 만한 세 가지 연습이 있다. 꼭 비즈니스 분야에 종사하는 사람이 아닐지라도.

첫 번째 연습은, 태어난 이후 지금까지 자신의 삶을 선으로 한번 죽 그어 보자. 깊이 생각하면서 그리는 게 아니라 즉석에서 떠오르는 대로 바로 해야 한다.

이것은 엄밀하게 따지는 과학적 조사가 아니다. 사람들이 그리는 선은 다양한 삶만큼이나 각양각색일 것이다.

하늘로 높이 쭉 상승하는 일직선도 가능하겠고, 포물선 모양으로 올라갔다 내려갔다를 반복할 수도 있겠다. 계속 실패만 반복한 사람은 아래로 떨어지는 모양의 선으로 자신의 삶을 표현하기도 할 것이다. 하지만 상승 추세를 그리는 것이 보통일 것이다. 중요한 것은 "대체 무엇이 나로 하여금 내 생애를 상승 또는 하강하는 것처럼 느끼게 하느냐?"이다. 그것이 내 생애의 우선순위일 것이다. 유행가 가사처럼 돈이냐, 명예냐, 권력이냐 등의 생각이 들겠지만, 좀 더 구체성을 띤다면 의미가 더 있을 것이다.

그 다음은 시간을 갖고 좀 전에 무슨 생각을 하며 선을 그었는지 떠올려 볼 필요가 있다. 예컨대 처음에는 기존 회사 조직에 들어가 일하였고 그 뒤 독립하여 지금까지 성공가도를 달리는, 한마디로 위로 쭉 올라가는 모양의 일직선을 그렸다고 치자. 편의상 자신의 재산 상태였다고 하자. 이제 곰곰이 생각해 보니 굴곡이 있었다. 이 굴곡의 연유가 성취감, 미래성, 전문성, 건강 중 하나라면 나의 우선순위를 구체적으로 열거할 수 있을 것이다.

일단 과거에 대한 고려가 끝났다면 앞으로의 생에 대한 선을 계속 그어 보자. 엄연한 현실인 생의 종점, 죽음에 이르기까지. 이로써 생의 우선순위를 구체화할 수 있을 것이고, 그에 따라 새로운 각오를 할 수 있을 것이다. 물론 지금까지의 선과도 비교를 해보아야 한다.

예전에 이와 같은 실험을 강의시간에 시도해 본 적이 있었다. 솔직히 별다른 기대는 없었는데, 한 학생이 아래로 쭉 내려가는 선을 그어서 제출했다. 그에게 이유를 물었더니 "자기 생활수준은 태어나서부터 쭉 하락했다"고 대답했다. 그 학생은 비즈니스 과목을 선택으로 듣던 문과생이었다.

그의 말을 듣고는 문득 어렸을 적에 받았던 세뱃돈이 생각났다. 아이한테는 제법 큰돈이었던 세뱃돈으로 내가 사고 싶고, 하고 싶은 모든 일들을 할 수 있었다. 아하, 내가 원하는 것을 모두 하려면 도대체 얼마나 많은 돈이 있어야 할까?

두 번째 연습은, 친구 다섯 명 정도에게 나 자신의 장점 중 가장 두드러지는 것 하나를 적어 달라고 부탁하는 것이다. 이렇게 적은 자신의 장점들을 앞에 놓고는 이것들이 내 생애에서 어떻게 활용되었고, 또 앞으로 어떻게 활용되어질까를 생각해 본다. 예컨대 "이렇게 다른 사람들이 인정하는 내 장점들을 나도 알고 있었는가?" "지금까지 나는 그런 장점들을 잘 이용하였는가?" "이것들을 잘 활용하려면 어떻게 해야 하나?" "이러한 장점들이 가장 잘 발휘될 수 있는 비즈니스는 무엇인가?" 등이다.

세 번째 연습은, 자신이 죽었을 때를 상상하며 신문이나 잡지에 실릴 20줄 정도의 가상의 추모사를 써본다. 어디까지나 연습이지만, 실제로 자신의 생애가 끝났다고 가정하는 것이다. 진짜로 남에게 보여줄 글이 아니므로, 평소 자신이 가졌던 생의 목표와 그에 따른 평가 등이 진솔하게 나타나리라. 신랄하고 사나운 입담으로 유명한 암브로스 비어스가 비웃었 듯이, '죽은 후에 얻은 덕행을 소급해서 보여 주는', 다른 사람이 나에 대해 거짓으로 쓴(비록 호의적이지만) 내 묘비명과 달리.

내 삶 전체를 그려 보고 나니 문득 영화 〈멋진 인생〉이 생각난다. 영화에서 천사는 자신의 인생이 실패했다고 여겨 자살하려는 조지 베일리 앞에 나타나, 그가 없는 세상이 얼마나 쓸쓸한지를 보여 준다. 이에 베일리는 생의 의미를 되찾는다. '멋진 인생'임을 깨닫고 다시 태어난 베일리와 지금의 내 마음이 서로 다르지 않다.

"이 얼마나 즐거운 세상인가."

방치되는 사고

세상엔 인간의 힘으로는 어찌할 수 없는 사고들이 있다. 홍수, 지진해일 같은 천재지변들이 그렇다. 하지만 큰 사고 뒤에는 흔히 천재天災냐 인재人災냐 하는 논쟁이 있듯이, 대다수의 천재지변도 피할 수 있는 사고인 경우가 많았다. 인간이 결코 피해갈 수 없는 사고가 있다면 죽음뿐이다. 그럼에도 인간은 죽음의 순간을 조금이라도 늦추기 위해 최선을 다한다. 자신의 건강에 아낌없이 '투자'하고, 일보다 휴식을 '선택'한다. 즉 적당한 운동이나 식이요법 등으로 건강을 관리하는 한편, 여가활동으로 정신적 스트레스에서 벗어난다. 이런 데 쓰는 돈과 시간은 아끼지 않는다.

벤자민 프랭클린은 "이 세상에는 죽음과 세금밖에 확실한 것이 없다"라고 했는데, 아마 이러한 인간의 태도가 세금에도 나타날 것을 우려해서 역설적으로 한 말일 것이다. 실제로 매년 작성하는 미국인들의 세금 신고를 보면 세금을 피해가는 온갖 상상력이 총동원되는 한 편의 소설이다. 현행 세법상 '어린이'는 최소한 5가지 이상으로 정의되는데, 1987년에는 미 국세청의 규정 변경으로 인하여 7백만 명의 어린이들이 세금보고에서 사라졌었다. 그전에는 어린이가 있다고 쓰기만 하면 세금 혜택이 주어졌으나 1987년부터 그 어린이에 대해 정보를 기입해야 했기 때문이었다.

영원한 젊음을 약속하는 '불로초不老草'를 찾으려는 진시황의 노력이 실패로 끝났던 것처럼, 결국 인간에게 죽음은 사고가 아니라 숙명인 셈이다. 이 점이 죽음과 세금의 차이일 것이다. 그러나 세금뿐만 아니라 죽음에 대한 인간의 욕심에서 보듯이, 대다수의 사고는 인간의 태도 여하에 따라 피할 수 있다.

미국 중서부 지방의 미시시피 강에 둑을 쌓아 도시를 건설할 때의 이야기이다. 강둑의 높이를 얼마로 하느냐가 관건이었다. 물론 강둑을 아주 높이 쌓으면 홍수의 피해로부터 완전히 해방될 수는 있지만, 재료비에 인건비까지 둑과 함께 쌓여 공사비용이 턱없이 높아진다. 자칫 일어날 가능성이 거의 없는 홍수에 대비하는 꼴이 된다. 여하튼 50년에 한 번 정도 있을 법한 대홍수에 대비해 강둑을 쌓았다. 그보다 강도가 센 홍수가 발생하면 도시가 물에 잠기는 사고가 발생하겠지만, 50년에 한 번 있을까 말까 한 일에 자원을 낭비하지 않겠다는 생각 때문이다.

우리 지하철에는 양편으로 '노인석'이 마련되어 있다. 주차장에 몸이 불편한 사람들 위해 전용 주차공간을 마련해 놓는 것과 같이 그 취지는 이해할 수 있지만 굳이 희소자원稀少資源인 좌석의 일부를 떼어 노인들 전용으로 해놓을 필요가 있을까? 우선은 '젊은이'들이 그 자리에 앉을 수 있는 기회를 박탈하는 것이며, 그런 전용석이 없어 노인들이 지하철에 서 있는 경우 젊은이들 눈에 노인이면 자리를 양보할 것이다. 그것이 우리의 예의이고 문화이다. 군이 지하철 공사가 희소자원 사용을 일부에게 제한하는 권한이 있는 듯 행동할 것이 아니다. (사실 지하철역에는 "지하철 운영기관 경영적자의 핵심원인, 무임수송!"이라는 벽보가 붙어 있다. 내용인즉, 영업 손실의 50%에 해당하는 무임수송이 지하철 적자의 요체라는 주장이다. 누가 지하철을 무임승차하는가? 전용석에 앉는 노인들이다. 말도 안 되는 지하철공사 홍보지만, 돈도 안 내고 타서 지하철 적자의 주범이 되는 노인들이 전용석에 딱 버티고 앉아 있다. 젊은이들은 이렇게 느낄 수 있고, 앉아 있는 노인들도 마음이 편하지 않을 수 있는 것이다.)

사고는 예방되어야 한다. 이 말을 부인하는 사람은 아무도 없을 것이다. 문제는 사고 예방에 돈이 든다는 점인데, 현실적으로 모든 사고를 다 예방할 수 없는 이유이기도 하다. 그렇다면 어떤 사고부터 먼저 예방할지를 결정해야 한다. 이상하게 들리겠지만, 어떤 사고가 예방되어야 하고 또 어떤 사고가 방치되어야 할까? 이는 진인사대천명盡人事待天命, 즉 최선을 다하고 나서 결과를 기다리는 것과 다르다. 또 '일어날 사고는 일어나게 마련'이라는 기술적 완벽주의를 세속적으로 표방하는 머피의 법칙과도 다르다. 경영에서 최우선적인 기준은 한계수익과 한계비용을 비교하는 것이다. 사고 예방에 따른 혜택을 사고 예방에 드는 비용과 비교해서 사고를 예방할 것인지, 방치할 것인지를 결정해야 한다. 즉 사고를 예방하기 위해서는 사고의 피해가 사고를 예방하는 비용보다 많아야 한다.

예를 들어 사람들이 계단에서 넘어지는 사고를 막는 데 들어가는 비용이 100만 원이다. 그런데 계단에서 넘어져도 무릎이 약간 벗겨지는 정도의 가벼운 상처를 얻는다. 이 경우 사고에 대한 방비를 하지 않는 것이 합리적이다. 사고를 방지하는 데 드는 100만 원은 별 쓸모가 없으므로 자원만 낭비하는 것이다.

인간은 원하기만 한다면 모든 사고를 거의 완벽하게 예방할 수 있다. 이불을 몇 겹으로 뒤집어쓴 채 집안에 가만히 앉아서 한 발짝도 밖으로 나가지 않거나, 가스레인지 같은 위험한 물건 근처에는 얼씬도 하지 않으면 된다. 그러나 대다수 사람들은 약간의 위험 부담을 감수한다. 그 위험 부담이 어떤 때 무모할 정도로 높고, 또 어떤 때 무시해도 좋을 정도로 낮은지 결정하려면, 사고 예방에 따른 혜택과 비용을 비교해야 한다.

사고를 예방하는 것 자체는 좋은 일이지만, 에덴동산에서 쫓겨난 이래 인간은 좋은 것을 다 가질 수 없기에 늘 선택의 기로에 서야만 한다. 그 어떤 사고라도 사전에 막을 수만 있다면 막아야 한다는 대명제에 이의를 제기할 생각은 없다. 하지만 그 비용을 결정할 때 동전의 뒷면을 생각해야 하는 것이 책임 있는 인간의 태도이다. 평화를 싫어하고 반대하는 사람은 아무도 없다. 그런데도 전쟁은 왜 일어날까? 평화를 유지하는 비용이 너무 높을 때 국가는 전쟁도 불사하는 것이다.

세금과 도둑

세금과 도둑을 비교하는 것은 말도 안 되는 것 같지만 가만히 생각해 보면 비슷하다. 세금도 정부가 우리들의 돈을 빼앗아 가는 것이니 도둑과 같기 때문이다. 물론 세금은 합법이고 도둑은 불법이지만 그것은 우리가 그렇게 정했기 때문이다. 도둑은 도둑 자신의 이익을 위하여 우리의 돈을 빼앗아 가는 것이고 세금은 정부가 우리들을 위하여 우리 돈을 걷어 간다는 명분이 있을 뿐이다. 이것이 세금이 도둑과 다른 점이지만 이것도 불분명하다.

예컨대 도둑이 내 돈을 훔쳐가 시장에 가서 내가 좋아하는 갈비를 사다 준다고 그가 도둑이 아닌가? 그래도 그는 분명 도둑이다. 왜냐하면 내가 내 돈을 내 마음대로 쓸 수 있는 자유를 박탈당했기 때문이다. 정부는 우리의 월급에서 우리가 은퇴하면 준다고 하고 은퇴기금을 떼어간다. 역시 정부도 우리 돈을 우리 마음대로 쓸 수 있는 자유를 빼앗고 있는 것이다.

'대표없이는 세금도 없다'는 것이 소위 보스턴 차 사건으로 미국 독립의 기폭제가 되었지만, 정부가 국방과 치안 업무를 수행하기 위하여 세금이 필요하다. 동서냉전은 끝났지만 테러 위험은 증대되고, 사설 보안서비스 의존이 늘어나는 추세를 볼 때 국방과 치안 업무에 있어서 정부의 독점적 위치도 도전을 받고, 정부의 효율성도 의문이다. 하지만 무정부 상태의 위험성을 피하기 위해 얼마간의 소득을 세금으로 내는 것은 불가피하다. '세금은 우리가 문명사회에 대하여 내는 것'이라는 미국 대법관이었던 올리버 웬델 홈스의 촌평을 수긍할 수 있다. '법과 질서' 유지의 대가로서.

그러나 현대 정부는 세금을 통한 소득 재분배 기능을 수행하고 있다. 이 점은 로빈 후드나 의적 임꺽정이 내건 대의명분과 똑같다. 즉 부자에게서 재물을 빼앗아 가난한 사람들에게 나누어 준다는 명분이다.

내가 2만 원을 주고 샀던 책을 훔쳐간 도둑이 그 책을 만 원을 받고 처리하였다고 해보자. 내 손실은 2만 원이지만 그 책을 훔쳐간 도둑이 본 이득은 만 원에 불과하여 사회적으로 만원의 손실이 발생한다. 이 만 원의 손실이 사회적으로 볼 때 도둑이 허용될 수 없는 순수한 경제적 이유이다. 물론 도둑이 훔친 장물贓物도 적법한 시장거래를 통해 거래될 수 있다면 그런 경제적 손실이 없을 수는 있다.

세금은 예컨대 10명으로부터 만 원씩 10만 원을 걷어서 내게 주는 것이라고 하자. 이때 당신이 아무리 양심적이라 해도 세금으로 지원받은 10만 원을 원래 당신 돈 10만 원만큼 절약하여 쓰겠는가? 이렇게 세금 10만 원이 낭비되는 만큼 그만큼 사회 전체로는 손실이 발생한다. 그런데 정부가 10만 원을 세금으로 걷어서 당신에게 9만 원만 주게 되면 그만큼 세금의 사회적 손실은 더 커지게 되는데 세금징수 비용이 있기 때문이다. 따라서 세금이나 도둑이나 사회적 손실을 발생시킨다.

도둑은 우리의 대비와 주의 여하에 따라 피할 수 있지만 세금은 죽음과 같이 피할 수 없다. 다만 우리는 세금에 따라 우리의 행동양식을 바꿀 수 있다. 예컨대 당신이 넥타이를 만 원이라면 사겠는데 세금을 포함해서 11,000원이 되면 그 타이를 사지 않게 될 수 있다. 그러나 그 경우 세금의 결과 그 1만 원만큼 사회적 손실이 발생하는 것이다. 이와같이 도적보다 세금의 경제적 손실이 더 막대함이 도적행위에 비한 '합법적'인 세금의 특징이라 할 수 있다. 도적은 그 병폐가 미시적이지만 세금은 그 영향이 거시적巨視的이다. 즉 도적 행위는 도적과 그 피해자 간의 관계에 불과하지만 세금은 그 과세 대상이 광범위하다.

도둑이 한 물품을 원래 주인한테 훔쳐서 제삼자에게 팔고 도망갔다고 해보자. 그 물건은 원 주인 소유인가 아니면 훔친 물건인지를 모르고 산 제삼자 것인가? 비록 장물이지만 거래는 거래이므로 거래에 대한 두 가지 원칙이 적용된다. 첫째는 소위 '구매자 요주위(caveat emptor)' 원칙이다. 물건을 살 때는 구매자가 잘 살펴서 사고 그 책임을 진다는 원칙이다. 이 원칙에 따르면 훔친 물건인지를 확인하지 않고 산 제삼자가 잘못한 것이다. 즉 그 장물은 원주인 소유이다.

둘째는 '판매자 요주의(caveat venditor)' 원칙이다. 이 원칙에 따르면 그 물건의 원주인이 그 물건을 잘 보관하지 못해서 도둑을 맞은 것이니 그 주인 잘못이다. 일반적으로 첫째 원칙이 미국이 취하는 방법이고 두 번째는 유럽식이라고 할 수 있다.

그러나 경제적 효율면에서 보면 물건 소유주가 그 소유권을 표시하는 데 드는 비용과 구매자가 합법적 소유주한테 물건을 사는지, 확인하는 비용을 대비하여 그 비용이 적은 경우에 그 의무를 하지 않은 자가 잘못으로 판단하여야 한다.

예컨대 물건 소유주가 자기 물건에 간단한 인식표를 부착하면 도둑을 방비할 수 있었는데 그 조치를 취하지 않은 경우이다. 반면 구매자는 전화 한 통이면 그 물건 판매자가 적법한 소유주인지 간단히 확인할 수 있었는데, 하지 않은 경우 등이다. 근엄(?)' 하게 쓰여 있는 법규에도 경제적 효율성 개념이 침투하여 법적 결정이 이루어진다.

돈으로 살 수 없는 것

부자는 재산이 많은 사람을 가리킨다. 기원전 6세기 리디아의 마지막 왕인 크리서스는 큰 부자로 유명한데, 지금도 'rich as Croesus'라고 하면 '막대한 재산을 가진'이라는 뜻으로 해석된다.

또 농경시대에는 '만석꾼', 화폐경제 시대에는 '백만장자'라는 이름으로 부자를 말했다. 그러나 부의 형태는 자산뿐만 아니라 소득으로 나타난다. 자산은 어느 시점에서 한 사람이 가지고 있는 것이고, 소득은 일정 기간 동안 한 사람이 버는 것이다. '만석꾼'은 1년 수확이 벼 만 석이니 소득 개념이고, '백만장자'는 그가 소유한 자산이 백만 달러이니 자산 개념이다.

또한 자산은 재고 개념인 '스톡(stock)'이고 소득은 유통 개념인 '플로(flow)'이다. 소득은 주급, 월급, 혹은 연봉 식으로 나타난다. 일반적으로 소득이 높은 사람이 자산이 많을 가능성이 큰데, 소득이 저축되어 자산이 되고 그 자산을 팔아서 소득으로 만들 수 있다. 소득의 정의를 엄밀히 따졌을 때, 자산을 팔아 소득이 된 것은 제외한다.

편의상 A라는 사람은 현재 100만 원을 가지고 있고, B는 1년 후에 110만 원의 소득을 올리게 된다고 해 보자. 누가 더 부자인가? 연 이자율을 10%로 가정하면 B의 1년 후 소득 110만 원은 A가 가지고 있는 현재의 자산 100만 원과 가치가 같아진다. 또 A의 현재 자산 100만 원을 연 10%로 투자하면 1년 후에는 110만 원이 되기 때문이다.

이렇게 현재의 부가 투자되어질 수 있고, 또 미래의 소득을 바탕으로 현재 자금을 조달할 수 있게 하는 것이 금융 및 자본시장이다. 이 시장 메커니즘에서 자금이 교환되는 이자율이 결정된다.

이런 시장 메커니즘에서 현재의 100만 원과 1년 후에 갖게 될 110만 원 중 어느 부를 선호할까? 연 10% 이자율로 가정했을 때는 양 포지션 간에 차이가 없었다. 그런데 이자율이 연 10%가 아니라 좀 떨어져, 예컨대 연 5%를 예상하는 사람이 있다고 하자. 그에게는 현재의 부 100만 원이 1년 후에 105만 원이 된다. 그런데도 그가 내년에 105만 원이 아니라 110만 원을 얻을 수 있는 기회가 있다면, 현재 100만 원보다 1년 후 110만 원을 선택할 수 있다. 이와 같이 불확실성도 시장 메커니즘을 통해 소화된다.

고대 그리스의 대표 철학자인 아리스토텔레스는 부를 '돈으로 살 수 있는 것들'이라고 기술했다. '백만장자'라는 표현 같이 돈의 양으로 부를 보는 현대의 시각에 시사하는 바가 크다. 예컨대 백만장자의 10분의 1밖에 안 되는 부를 가진 사람이 좋은 책을 읽거나 음악회에 가고, 좋은 친구를 사귀고, 여행을 떠날 수 있으면 그렇게 할 수 없는 '백만장자'보다 오히려 더 부자라고 볼 수 있다. 은행 잔고에는 반영되지 않지만, 배우고 행동하고 보고 즐길 수 있는 것들도 부의 개념에 포함되기 때문이다.

그러나 돈 자체가 부가 아니라는 아리스토텔레스의 정의도 "돈으로 살 수 없는 부가 있다"는 사실은 배제하고 있다. 돈으로 교육은 살 수 있어도 지혜는 살 수 없다. 명품 옷은 살 수 있어도 스타일은 살 수 없다. 화장품은 살 수 있어도 아름다움은 살 수 없다. 섹스는 살 수 있어도 사랑은 살 수 없다.

물론 돈이 지혜, 스타일, 아름다움, 사랑을 가지는 데 도움을 줄 수는 있다. 아리스토텔레스의 말은 "아무리 재물을 쌓아 올려도 거기서 훌륭한 정신이 나오는 것이 아니라, 오히려 재물은 정신이 훌륭함에서 생긴다"는 의미일 것이다.

현대 경제학의 입장에서 보면 지혜 등은 '인적 자본'으로, 돈 등 다른 자원과 구별된다. 백만장자의 10분의 1밖에 안 되는 부를 가진 사람이 음악회에 간다면 그렇게 할 수 없는 백만장자보다 인적 자본을 더 소유하고 있는 셈이다. 물론 백만장자가 더 바빠서 음악회에 갈 수 없다고 해도, 시간 활용 문제가 있다.

재화와 서비스의 생산은 괄목하게 증대되지만, 그것들을 소비하는 데 필요한 시간은 누구에게나 하루 24시간으로 제한되어 있다. 즉 일과 레저 간의 상반관계(trade-off)인데, 일을 많이 할수록 소득이 늘어나고 소득이 늘어나면 레저 수요도 늘어난다. 레저 수요가 늘어난다는 것은 누구나 하루에 24시간을 가지고 있으므로 노동의 수요가 줄어든다는 의미이다. 소득이 늘어날수록 노동의 수요는 줄고 반면 레저의 수요는 늘어난다.

물론 경제적 발전과 의학의 발전으로 인간 수명이 연장되고, 또 운동 등으로 건강을 유지하는 투자가 이루어지는 것이 인적 자본이지만, 제한된 시간 아래 결정을 하는 것은 피할 수 없는 인간의 숙명이므로 인적 자본 투자도 레저의 한 형태이다.

자식 양육도 인적 자본 투자로 엄밀히 보면 자식의 양육은 부의 감소 행위로 볼 수 있다. 자식 양육은 세대간 이루어지는 투자 행위로써 레저 행위의 한 형태일 수 있다. 문득 돈으로 살 수 없는 것 가운데 가장 대표적인 것이 자식과 골프라는 어느 회사 사장의 반 농담이 생각난다.

황금률

황금률(golden rule)은 '남들이 당신에게 해주기를 원하는 대로 남들에게 해 주어라'이다. 이는 성경 마태복음에 수록되어 있어 '황금률'로 격상된 느낌이지만 그전에 서양에서도 플라톤도 같은 말을 하였고 논어에서 공자가 '자기가 원하지 않는 것을 남에게 시키지 말라'고 말한 것은 황금률을 그 부정否定 형식으로 언급한 셈이다.

이 최상의 룰에 대한 근본적 의문은 당신과 남들 사이에 있는 필요, 욕구 그리고 취향의 차이점은 어떻게 되느냐이다. 만약 당신의 룰이 남들이 당신한테 해주기를 원하는 대로 당신이 남들에게 하여야만 한다면 그것은 당신의 취향을 기준으로 만드는 것이므로 그런 황금률은 거부하는 것이 옳다고 아일랜드 극작가 오스카 와일드가 지적하였다. 나아가서 같은 아일랜드 극작가인 조지 버나드 쇼우는 '황금률들은 없다는 것이 황금률'이라고 못 박는다.

그러나 솔직히 말해서 우리는 우리가 원하는 것을 남들에게 해주기는 그러하지만 남들이 우리가 원하는 것을 해주는 것은 반대할 이유는 없다. 황금률이 내가 아닌 다른 사람들의 행동규범인 것은 문제가 없다.

문 물린스의 만화에서 한 나이든 어른이 꼬마 케이오한테 묻는다.

"황금률을 기억하지. 자, 이제 한 아이가 너의 오른 뺨을 때렸다고 해 보면, 너는 어떻게 하겠니?"

그에 대해 케이오는 현실적인 대답을 내놓는다.

"그 아이가 얼마나 크다고 가정하는데요?"

'왼쪽 뺨을 내미는' 황금률의 행동준칙을 현실적으로 따른다는 솔직함에서 아이는 천사이다. '강한 자에게 약하고 약자에게 강한' 룰을 어른들과 달리 변명 없이 따른다는 것이다.

행동규범으로서 황금률은 일의 성공을 함축하는 것이다. 황금률을 따르면 성공이 보장된다는 함축으로 쇼우의 촌평대로 그런 황금률은 있을 수 없다. 그래도 성배聖杯에 대한 미련을 못 버리듯 황금률에 대한 관심은 항상 존재한다. 주식투자자 중 세계 최고의 갑부인 워렌 버핏은 자주 그의 투자 비법에 대하여 질문을 받는데, 그때 보통 그는 다음 두 가지 룰을 제시한다.

'첫 번째 룰은 돈을 잃어버리지 않는 것이다. 두 번째 룰은 첫 번째 룰을 잊지 않는 것이다.'

전문가들이 대중을 상대할 때 흔히 주어지는 세 가지 황금률이 있다.

'전문용어를 생각하지 마라. 전문용어를 말하지 마라. 전문용어로 쓰지 마라.'

그렇게만 할 수 있다면 전문가는 별 어려움이 없을 것이다.

근대 정치학의 아버지인 마키아벨리에 의하면 성공을 가져오는 것은 금이 아니라 훌륭한 군인들이다. 훌륭한 군인들이 전쟁에서 이기면 금을 확보하는 것이 가능하기 때문이다. 따라서 마키아벨리의 황금률은 '지배하는 자가, 금을 갖는다'이다. 전제專制시대나 독재시대이다.

예전 서부개척 시대에는 '포커 게임에서 스미스 앤 웨슨 권총이 스트레이트 플러시를 이긴다'고 하였다. 스트레이트 플러시는 포커게임에서 거의 질 수가 없는 패인데도 말이다. 게임에서 지면 룰이고 뭐고 총을 들이대는 무법의 서부개척 시대이니.

마키아벨리 식의 황금률을 좀 달리 표현하면 '룰을 정하는 자가 금을 얻는다'이다. 요즘에도 이런 일이 없다고 할 수 있을까? 1차 세계대전 이래 영국 사회주의 운동에 막대한 영향을 끼친 해롤드 라스키는 '게임의 룰들이 승리에 부적합하면, 영국의 신사들은 그 룰들을 바꾼다'고 언급하였다. 그럴 듯한 영국신사의 진면목이다. 물론 현대판 황금률은 '금을 가진 자가 룰을 만든다'이다. 최소한 자본주의에서는 그렇다. 민주주의는? 민주주의에서는 대다수 득표를 한 자들이 룰을 만든다. 금을 가진 자가 표들을 '사' 대다수를 확보함으로써 룰을 만든다? 그것이 민주주의의 위험이다.

금을 가진 자가 금으로 표를 사 룰을 정할 수 있도록 허용한 제도가 주식회사이다. 대다수의 주식을 사들인 주주는 그 회사의 룰을 정할 수 있다. 이렇게 자본주의의 주식회사 제도는 현대판 황금률이 선명하게 적용되는 곳이다. 이는 신 황금률로 민주주의의 위험이 아니라 그 꽃이다.

황금률은 아니지만 기업에는 '황금 인사(golden hello)'가 있다. 신입사원에게 주는 장려금이다. 아, 물론 '황금 작별(golden handshake)'도 있다. 퇴직금 내지 전별금이다. 만나면 헤어지는 '회자정리會者定離'가 인간사에서 황금률이긴 하지만….

자본주의의 두 얼굴

매 학기 초마다 학생들 이름을 외우는 게 일이다. 특히 중국 학생들의 경우 쉬울 것 같지만 더 어렵다. 그나마 미국 학생들의 이름은 외우기가 쉽다. 대개 남자는 마이클, 에드워드, 제임스, 존, 리처드, 로버트, 데이비드 등이고, 여자는 메리, 제인, 줄리, 앤 등 흔하게 만나는 이름이 많다. 물론 성은 독특하고 별난 것들이 많지만.

그러다 보니 한 집안에서 똑같은 이름이 여럿일 때가 많은데, 이들을 서로 어떻게 구별할지 의문이 들 때가 많다.

《로마제국 쇠망사》를 쓴 유명한 역사학자인 에드워드 기번은 똑같은 이름을 가진 일곱 형제 중 하나였다. 그의 부모는 왜 일곱 아들 모두에게 에드워드라는 이름을 붙였을까? 아마도 그건 18세기 초의 상황 때문이었을 것이다. 그 시절에는 의술이 발달되지 않아 대다수 어린이들이 병에 걸려 일찍 죽었다. 1776년 출간된 《국부론》에는 당시 사정이 기록되어 있는데, 한 부모가 스무 명의 자녀를 낳아서 그 중 두 명을 살리기도 힘들 정도였다고 했다.

상황이 그렇다 보니 에드워드의 부모는 아들이 일곱이어도 불안했다. 어떤 경우에도 '에드워드 기번'이라는 이름이 지속되기를 바랐던 부모는 자식 모두에게 같은 이름을 지어 주었다. 자식 중 한 명이라도 살아남지 않을까 하는 마음에서였을 것이다.

보통 경제학은, 그리고 경영학도 아담 스미스의 《국부론》에서 시작됐다고 한다. 이 책의 출간 당시 가격은 7달러 99센트, 지금 가치로 따지면 650달러 정도다. 우리 돈으로 무려 60만 원이다.

이렇게 비싼 책값 때문에 하버드 대학이 오늘날의 이름을 갖게 되었다는 사실을 아는가? 미국에서 가장 유명한 대학인 하버드는 사실 처음엔 다른 이름이었는데, 400여 권의 책과 유산을 기증한 존 하버드의 뜻을 기려 학교 이름을 하버드 대학으로 바꾸었다. 요즘이야 개인에게도 400권이 장서 축에나 들까마는 그 시절엔 대단한 기부였다. 이런 사실들은 1776년 《국부론》 출간 이래로 계속 발전되어온 자본주의가 우리의 생활 수준을 눈부시게 향상시켰음을 보여 준다.

하지만 그 이면에는 자본주의의 어두운 면이 도사리고 있는 것도 부인할 수 없다. 자본주의의 꽃이 활짝 폈던 19세기 말과 20세기 초에는 인간의 가치가 바닥에 떨어져, 그야말로 그들의 재산에 의해서 평가됐다.

독일 시인 베르톨트 브레히트는 자신의 시에서 자본주의의 그런 풍조를 비웃었다.

도대체 인간이란 무엇인가?

인간이 무엇인지 내가 아는가?

알아야 한다는 사람이 누군가를 나는 어떻게 알 수 있는가?

인간이 무엇인지 나는 모른다.

내가 아는 것이라고는 그의 가격이다.

자본주의의 극명한 문제점은 "부잣집 개들은 우유를 먹고 있는데, 가난한 사람들은 굶주림에 죽어 간다"는 것이다. 우리 속담의 "정승집 개가 죽으면 요란한데, 정승이 죽으면 조용하다"와는 차원이 다르다.

이처럼 인간을 판단하는 기준이 돈이 되다 보니 사람들은 너나 할 것 없이 자기 재산의 존재를 적극적으로 알리기 시작했다. 그렇다고 천 달러짜리 지폐나 재산증명서를 일일이 갖고 다닐 수는 없었고, 집이나 보석, 자동차 같은 것으로 자신의 부를 과시했다.

미국 로드아일랜드주 뉴포트는 장대한 저택들이 몰려 있는 곳으로 유명하다. 뉴포트의 저택은 거주, 휴양, 출산을 위한 곳이 아니었다. 단순히 거주자의 가치를 알리는 게 주목적이었다.

이 중에서 가장 웅장한 저택은 코모도어 밴더빌트가 지은 '브레이커스'였다. 이 저택에 밴더빌트는 1895년 당시 돈으로 300만 달러를 지불했다. 그는 또 테네시 주 내슈빌에 학교(후일 밴더빌트 대학)를 세웠는데, 비용은 저택에 비하면 형편없는 100만 달러에 불과했다.

석유 재벌 록펠러가 세운 시카고 대학도 그곳 학생들은 이런 노래를 불렀다고 한다.

존 디. 록펠러

정말 훌륭한 사람일세.

그의 모든 잔돈을

시카고 대학에 주다니.

공평한 운

경제 분석을 수요와 공급으로 나눠서 생각하는 버릇인지도 모르지만, 세상일은 두가지 면으로 특징지을 수 있는 경우가 많다. 골프도 거리와 방향으로 특징지을 수 있다고 한다.

세상에서의 성공도 능력과 운으로 대별해 볼 수 있다. 능력 있는 사람이 좋은 운을 만난 것은 물고기가 물을 만난 것이고, 용이 여의주를 얻어 하늘로 오르는 것이다. 물론 최악의 결과는 능력 없는 사람이 운도 없는 것이다.

덴마크의 철학자 키에르케고르는 "오, 행복의 문은 안으로 열리지 않는 법, 따라서 억지로 떠밀어 열 수는 없다. 그 문은 밖으로 열리기 때문에 사람으로선 손을 쓸 도리가 없다"라고 말했다. 그때 그는 '운'을 염두에 두고 있었다.

엄밀히 말하면 행운이 내게로 찾아왔을 때 그 운을 활용할 수 있는 것도 능력이다. 평소에 우리가 실력을 갈고닦는 것은 기다리던 운이 왔을 때 그 능력을 최대한 발휘하기 위함이다. 이렇게 보면 성공에 있어서 능력이 먼저이고 운이 다음이다.

반면 운이 발생하는 것은 특별한 선호를 보이지 않는다. 우리 자신은 그렇게 믿고 싶은지도 모르겠지만, 운이 누구를 특별히 사랑하거나 미워하지는 않을 것이다. 비록 억세게 운이 좋다고 해도 그 행운이 오래가지는 않을 테고, 반대로 억세게 운이 나쁘다고 해도 그 불운이 오래가지도 않을 것이다.

운은 좋았다가 나빠지고 나빴다가 좋아지기도 하면서, 길게 보면 평균으로 수렴할 것이다. 능력 있고 운도 따르는 사람은 분명 좋은 성과를 얻을 것이다.

그러나 그 운이 영원히 지속되지 않는 한 곧이어 성과의 감소가 뒤따를 것이다. 반대로 생각해 볼 수도 있다. 능력은 있으나 운이 나빠서 그동안 성과가 미흡한 사람이라면 머지않아 성공을 거머쥐는 행운을 만날 수도 있다. 운의 반전이 곧 성과의 개선으로 나타날 것이다.

이런 '평균 회귀' 현상은 자연에서 광범위하게 나타나는데, 통계학에서 흔히 드는 예는 사람 키이다. 사람 키는 유전 요인과 외부 요인들에 의해 결정된다. 외부 요인들이란 환경, 유년 시절 건강상태, 혹은 단순한 운을 말한다.

키가 큰 사람들은 유전 요인이나 외부 요인에 의해 혹은 두 요인이 겹쳐서 키가 큰 것이다. 이들의 자녀들도 그 부모들의 유전 요인에 의해 키가 클 것이나 이번에도 다른 외부 요인들이 그들 부모의 경우와 같이 키가 더 크게 작용하리라는 보장이 없다. 이 결과 이들 자녀들은 평균보다는 키가 더 클 것이나 각각 부모의 키보다는 크지 않을 것이다. 즉 키 큰 부모들은 자신들보다는 작지만 다른 아이들보다는 키가 큰 아이들을 낳는 경향이 나타난다.

반대로 유난히 키가 큰 아이들은 그들보다 더 작은 부모들을 가질 것이다. 이렇게 사람 키에 있어서 평균 회귀 현상이 나타난다.

프로 야구에서도 올해 신인상을 받은 실력 있는 선수가 2년차에는 최악의 기록을 보이는 경우가 많다. 소위 '2년차 징크스'로, 신인왕이 경이적인 데뷔년도 기록 다음에 2년차에는 평균 수준으로 복귀하는 것이다.

첫 작품이 인상 깊어 같은 작가의 두 번째 소설을 읽고 나서 실망하는 것도 같은 이치다. 영화에서는 후속편들이 최초 영화만큼 성과가 좋지 못한 경우가 부지기수다. 대개 후속편은 매우 성공한 영화에 한해 제작되는데, 아무리 앞의 성공을 등에 업었다고 해도 성공이 반복되기란 사실 매우 어렵다.

그러나 이런 통계 법칙을 무시하고 흔히 평가하는 게 주식시장 예측이다. 주식시장의 움직임을 정확히 예측하여 각광을 받다가 얼마 가지 않아 슬그머니 관심권 밖으로 밀려나는 주식시장 분석가들이 많다. 이 평균 회귀 현상 때문이다. 지난 세기 최대의 경제학자인 케인즈가 언급한 대로 미인대회 같은 주식시장에서도.

1982년, 톰 피터스와 로버트 워터맨은 《초우량 기업의 조건》이라는 메가급 베스트셀러를 출간했다. 이 책은 미국에서 가장 성공적인 회사로 이름난 IBM, DEC, GM, 왕 연구소, 델타 항공 등 62개 회사를 연구하고 있다. 이 회사들은 1961년부터 1980년까지의 자기자본 수익률이 평균 이상이었다. 피터스와 워터맨은 '특별한 기업문화, 가치, 고객 서비스, 소소한 것에까지 세심한 배려' 등이 델타 항공 등 36개 회사들이 성공하게 만들었고, 앞으로 지속적으로 성공할 것이라고 예측하였다.

나중에 뉴욕의 투자회사 샌포드 번스타인이 그중 36개 회사들의 그 이후의 실적을 고찰한 조사에 따르면 1980년부터 1994년까지 36개 회사 중 거의 3분의 2에 가까운 회사들이 주식시장 평균 수익에 미치지 못하는 주가동향을 나타냈다고 한다. 이렇게 잘 '경영'되고 있다고 믿어지는 회사들도 평균 이상의 실적을 계속 유지하지 못했다. 평균 이상의 실적 뒤에는 평균 이하의 실적을 보인 것이다. 즉 평균 회귀 현상이 이러한 메가급 비즈니스 베스트셀러의 예측을 무참하게 만들어 버렸다.

행운은 눈먼 장님이 아니다. 부지런히 실력을 쌓고 꾸준히 노력하는 사람을 스스로 알아내어 찾아온다. 벤자민 프랭클린도 "근면은 행운의 어머니다"라고 하면서 부지런함의 중요성을 일깨웠다. 또 일생에는 세 번의 기회가 찾아온다는 말도 있지 않은가?

언제 어떤 모습으로 찾아올지 모르는 운을 놓쳐 버리는 실수를 범하지 말자. 덴마크 속담에 "행운은 자주 문을 두드리나 미련한 사람은 그것을 받아들이지 않는다"는 말이 있다. 미련한 사람이 되면 안 된다. 그리고 운이 좋다고 자만하지도 말자. 오르막이 있으면 내리막도 있는 법이니까.

운은 누구에게나 공평하다. 따라서 우리 모두는 응분의 행운을 갖는다. 그것을 잘 활용할 수 있도록 하자.

사람은 합리화 한다

지속되는 것이 효율적이다

경제학은 인간의 행동을 설명하기 위한 수단에 불과하다. 인간의 행동이 우선이고 경제학적 설명은 그 다음이다. 따라서 우리 인간은 행동하는데 있어서 경제학적인 지식이 필요한 것이 아니다. 마치 당구공은 당구대 위에서 물리 법칙에 따라 움직이지만 당구공은 물리학을 알 필요가 없는 것과 같다.

반대로 인간의 행동이 상당기간 지속되었으면 그럴 만한 합리적 이유가 있기 때문이다. 유사하게 인간조직이나 기구도 그렇다. 그러한 인간 행동이나 조직도 변화를 요구하는 요인들을 견디고 존재해 왔으면 그 행동이나 조직의 존재 이유가 변화시킬 요인보다 더 합리적이기 때문이다. 그런 면에서 '지속되는 것이 효율적이다(Whatever exists is efficient!)'

헌책 시장은 새 책 판매를 늘린다

내가 한국에서 대학에 입학한 것은 1970년대 초였는데, 당시 유명한 경제학 교과서인 폴 새뮤얼슨의 해외 보급판 책은 20달러였다. 미국에서 출간된 원본은 40달러였는데, 내용은 똑같았고 차이는 하드커버(두꺼운 표지, 양장)와 소프트커버(얇은 표지, 무선철)로 만들어진 장정뿐이었다.

어느 미군 장교에게 이유를 물었을 때, 그는 미국이 부자나라이기 때문이라고 대답했던 기억이 난다.

하지만 진짜 답은 따로 있었다. 나는 1980년대 중반부터 미국으로 건너가 교수생활을 시작했다. 학기말 고사가 끝난 어느 날, 교내서점 앞에서 진풍경이 벌어졌다. 길게 줄을 서서 기다리던 학생들 손에는 한 학기 동안 사용했던 교과서들이 들려 있었는데, 책을 팔려는 것처럼 보였다.

문득 학기 초 교내서점이 떠올랐다. 학과목 별로 채택된 교과서들로 가득한 서점에는 새 책뿐만 아니라 헌책도 함께 진열되어 있었다. 물론 가격은 헌책이 새 책에 비해 50% 정도까지 저렴했다. 한국과 달리 미국은 80년대에 이미 중고 교과서 시장이 활성화되어 있었다.

미국의 교과서는 하드커버이다. 그 이유는 교과서의 표지가 하드커버여야 내구성이 좋아 중고시장에 팔 수 있기 때문이다. 반면 70년대 한국의 대학에는 중고 교과서 시장이 없었기 때문에 책 가격을 낮추는 대신 소프트커버를 씌웠다.

여기서 의문이 드는 것은 똑같은 내용에 단지 표지를 하드커버로 장정을 했다는 이유로 소프트커버에 비해 가격이 2배씩이나 비싸야 하냐는 점이다. 생산비용 면에서는 두 책이 그 정도로 차이가 나지는 않는다. 그러나 출판사 입장에서는 중고 교과서 시장의 존재 여부에 따라 지역 간 가격차별화 정책으로 이윤을 증가시킬 수가 있다.

이를 위해 1970년대 미국의 맥그로 힐 출판사는 새뮤얼슨의 경제학 교과서를 하드커버인 미국판은 40달러, 소프트커버인 해외 보급판은 20달러로 책정한 것이다. 덕분에 한국에서 공부하던 나는 20달러짜리 책을 살 수 있었다.

이 점에 대해 미국 대학생들은 불만이 없을까? 그들은 권당 40달러에 구입한 새 교과서를 학기 말에 중고 책 시장에서 20달러에 되팔 수 있다. 결국 실질적인 비용은 권당 20달러 수준이다. 하지만 만약 한국에서 하드커버를 씌운 40달러짜리 책을 판다면 어떨까? 미국과 같은 가격이지만 나중에 되팔 수 있는 시장이 없기 때문에 상대적으로 비싸게 느꼈을 것이다.

이것이 미국 출판사가 한국과 같은 나라에서 해외 보급판을 발행한 숨은 이유이다. 물론 출판사들의 공식적인 명분은 "지식의 국제화 교류에 기여하기 위해 해외 보급판의 가격을 저렴하게 책정했다"는 것이다.

흔히들 헌책 시장이 새 책 시장을 잠식한다고 주장하는데, 이것이 타당하려면 헌책을 구매하는 독자들이 헌책 시장이 없을 때 새 책을 구입한다는 가정이 전제되어야 한다.

헌책 시장이 없다고 가정하자. 이제 미국 학생들은 권당 40 달러를 주고 새 책을 사야 한다. 헌책 시장이 있을 때는 한 권에 20달러 수준이었는데, 2배로 값이 뛰었다. 아마 학생들은 부담스런 가격 때문에 새 책 구입을 주저할 것이다. "공부하는 대학생이 어떻게 교과서를 안 살 수 있냐?"고 물을지도 모른다. 하지만 책값이 비싼데 어쩌랴. 대개 교과서의 수요를 고정된 것으로 생각하기 쉬우나, 교과서도 소위 대체재가 존재한다. 실제로 아무리 교과서라 하더라도 책값이 비싸면 학생들은 복사를 한다든가, 학교 도서관에 비치된 책을 빌린다든가, 그룹 스터디를 한다든가 해서 교과서 구입을 피할 것이다. 결과적으로 헌책 시장이 새 책 시장을 잠식하지는 않으리라 생각한다. 오히려 헌책 시장이 새 책의 수요를 증가시킨다.

인문학 교수들은 "세상의 진리는 하나이므로 그것을 모아 놓은 교과서는 개정될 수 없다"고 농담처럼 말하곤 한다. 하지만 교과서 시장에서도 개정판 발행을 반대하는 경제적 논리가 있다. 교과서 개정판은 기존 판의 헌책 시장을 죽이는 효과가 있다. 그래서 교과서의 잦은 개정판 발행은 중고 교과서 시장 형성을 저해해 새 교과서의 판매를 감소시킨다.

교과서는 보통 3년 단위로 개정판이 나온다. 그동안의 학문적 진전을 반영하기 위해서이다. 그러나 교과서는 성격상 통설通說을 다루므로 결과적으로 유사제품differentiated product이다. 교과서들은 대동소이大同小異, a difference with no distinction해지고 경쟁에 민감해진다. 이에 자주 개정판이 나오는 성향이 있는데, 이 결과 교과서 값이 올라가서 학생들의 부담이 증가된다.

소위 베스트셀러의 경우 출판사는 일정기간 뒤에 페이퍼백을 발행하는데, 이것은 헌책 시장의 가능성을 역으로 이용하는 판매전략으로 이해할 수 있다. 알다시피 새 책이 나와서 베스트셀러가 되면 책에 대한 독자 관심이 높아지고, 자연 책 판매가 급증한다. 그러면서 도서관 대출 혹은 친구 간에 책을 빌리는 일도 많아진다. 이런 후자형 독자들을 대상으로 출판사는 저렴한 페이퍼백을 발행한다. 이는 독자층을 확대시켜 수입을 증가시키려는 의도이다.

앞서 말한 대학 교과서의 경우에는 대학생들이 자발적으로 헌책 시장을 형성했으나, 독자들의 관심이 집중된 베스트셀러는 그렇지 못하다. 그래서 출판사가 페이퍼백을 발행해 헌책 시장 역할을 대신한다.

반면 전문서적들은 독자층이 상대적으로 적으므로 미국에서도 헌책 시장이 형성될 가능성이 낮다. 시장이 좁아 원가 분산이 되지 않으므로 가격이 비쌀 수밖에 없는데, 여기에 헌책 시장의 부재로 말미암은 한정된 수요는 책값을 더욱 높이는 결과를 초래한다.

또한 이런 전문서적을 사는 독자들은 대개 책을 오랫동안 보관하는 경향이 있다(여러 번 읽어 자기 지식으로 만들기 위해). 이 때문에 비록 비싸더라도 좀 더 견고한 하드커버로 발행하기도 한다.

왜 하버드가 UCLA보다 장학금을 더 잘 줄까?

가격통제의 피해는 비교적 잘 알려져 있다. 가장 큰 피해는 효율적인 자원배분이 이루어지지 않는다는 것. 통제가격이 시장가격보다 낮다 보니 꼭 필요한 사람들에게 자원이 돌아가지 않는 것이다.

정부가 직접적으로 나서 가격을 조절하기 때문에 가격이 인위적으로 낮고, 결국 이것은 사람들이 생각보다 더 많은 물량을 구입하게 만든다. 과거 소련에서 통제가격으로 물건을 사기 위해 길게 늘어서 있던 사람들이 그 예다. 예전에 소련 사람들이 식빵을 사서 베개로 사용했다는 농담도 있었다. 물론 물량의 절대량이 부족했던 측면도 있었지만.

반면 물량 공급자들은 낮은 통제가격 때문에 울상을 짓게 된다. 고층건물이 빽빽하게 들어선 뉴욕 맨해튼을 파괴시킨다고 가정하자. 아마 비행기로 폭격하는 게 가장 빠를 것이다. 그런데 장기적으로는 임대료 통제로도 파괴가 가능하다. 임대료 통제 하에서는 신규건설이 줄어들고, 기존 건물이나 주택의 관리가 부실해져 기존 건물들이 급격히 퇴락된다.

대표적인 시장경제 신봉자로서 노벨 경제학상을 수상한 밀턴 프리드먼은 "미국의 대학제도에도 가격통제가 존재한다"고 지적했다. 그의 책 《자유로운 선택》에서 프리드먼은 미 주립대학교 중 UCLA에 입학한 학생들 가운데 약 절반 정도만 학부 공부를 끝내는 문제를 제기했다. 반면 동부의 아이비리그에 속한 다트머스 대학은 입학생의 95%가 학부 공부를 끝내고 졸업한다.

이러한 차이를 프리드먼 교수는 캘리포니아 주 정부가 UCLA의 등록금에 적용하는 가격통제 때문이라고 설명한다. 즉 UCLA는 실제 학교 교육비용보다 훨씬 저렴하게 등록금을 책정하고, 그 부족분을 캘리포니아 주의 납세자들이 부담하는 주립대학 제도로 운영되고 있다. 이 제도는 많은 우수한 학생들에게 대학교육의 기회를 제공해 주지만, 동시에 학업(공부)이 아니라 다른 목적 때문에 학교에 머물게 하는 요인이 되기도 한다. 후자에 속하는 젊은이들에게 등록금이 싼 주립대학은 고교 졸업 후 직업을 갖기 전에 머무는 즐거운(?) 정거장에 불과하다는 것이다.

반면 다트머스와 같은 사립학교의 사정은 전혀 다르다. 사립학교의 경우 등록금은 기본적으로 재학생의 몫이다. 학교에 오래 머무는 만큼 돈을 더 내야 하므로 학생들은 빨리 졸업하려고 최선을 다한다. 프리드먼 교수에 따르면 이러한 구조적 차이가 양 학교 간의 학부 졸업률의 차이를 낳는다는 것이다.

UCLA의 경우는 등록금이 교육비용보다 싸고, 그 차이를 일반 납세자들이 부담하므로 교육의 낭비가 생긴다. 그러나 다트머스의 경우는 재학생들이 그 교육비용을 부담하므로 교육의 낭비가 없다.

　그러면 대학의 등록금은 어떻게 결정되는가? 원론적으로 보면 일정한 입학 여건을 갖춘 학생들에게 내고 싶은 등록금 액수를 적어 내게 하고, 그중 최고 금액을 적은 순서대로 학생들을 정원까지 뽑으면 된다. 그런데 한 학교의 등록금은 같아야 하므로 학생들이 적어낸 금액 중에서 정원에 해당되는 맨 마지막 금액을 일괄 등록금으로 책정하면 된다.

　교육 서비스를 일종의 경매로 결정하라는 주장인데, 교육이라는 신성한 업무를 경매라는 세속적 수단으로 해결하는 것에 이의를 제기할 수 있다. 무엇보다도 대학은 비영리기관이므로 이런 식으로 정할 수는 없고, 다른 여러 가지 기준에 의해 합리적으로 등록금을 결정한다. 그러나 그렇게 결정된 등록금이 시장가격과 괴리될수록 앞에서 언급한 교육의 낭비는 피해 갈 수 없다.

　편의상 UCLA와 다트머스의 학생 1인당 연 교육비용이 둘 다 똑같이 1만 달러라고 가정하자. 이때 주립대학인 UCLA는 주 정부에서 등록금을 연 2천 달러로 정하고, 나머지 8천 달러를 주 예산에서 지원한다. 반면 사립학교인 다트머스는 학교가 자율적으로 등록금을 결정할 수 있다. 결과적으로 학생 스스로 교육비용인 1만 달러 전액을 지불해야 하는데, 이것이 더 열심히 공부하게 만드는 요인이 될 뿐더러 1만 달러의 가치에 합당한 양질의 교육 서비스가 제공되도록 끊임없이 압력을 가하게 된다. 이게 다 교육비용을 수익자가 부담하게 한 결과이다.

　하지만 교육의 평등이라는 관점에서 보면 문제가 있다. 등록금이 연 2천 달러면 충분히 대학에 다닐 수 있는데, 연 1만 달러라면 다니기 힘든 우수한 학생들은 어떡할 것인가? 이런 학생들에게는 재정보조를 해주면 되는데, 여기서 또 문제가 생긴다. 바로 필요한 재원 조달을 어떻게 할 것인지 하는 문제다.

이것이 사립학교가 주립대학에 비해 각종 모금운동을 적극적으로 벌이는 주된 이유다. 하버드대학의 경우 히틀러 신봉자가 기부하는 장학금을 거부한 적이 있는데, 이는 나치정권이 하버드를 미국 내 기반으로 사용하는 것을 우려해서였다. 어쨌든 이러한 각종 기부금이 모여 사립대학의 풍성한 장학금 제도를 만들고, 우수한 학생들이 돈 때문에 교육의 기회를 박탈당하는 일이 없게 한다.

다트머스나 하버드에 입학한 학생들이 UCLA나 미시간 등의 주립대학에 입학한 학생들보다 더 많은 장학금 혜택을 받는 이유이기도 하다.

원론적 입장에서 보면 사립대학들은 등록금 책정 정책으로 장학금 재원을 손쉽게 조달할 수 있다. 다트머스의 경우 등록금을 연 교육비용인 1만 달러 이상으로, 예컨대 연 2만 달러로 정한 다음 초과해서 거둬들이는 연 1만 달러를 장학금 프로그램에 사용하면 된다. 등록금을 교육비용 이상으로 정하고, 그 초과분을 재정보조 프로그램 재원으로 사용하는 것이다.

그렇다면 비싼 등록금 때문에 다트머스에 다닐 수 없는 학생들을 골라 지원하는 기준은 뭘까? 구체적으로 지원자 중에서 누가 재정보조가 필요하고, 필요하다면 얼마가 되어야 할지 액수를 정해야 한다. 이를 위해 사립대학들은 재정보조 신청서에 부모의 세금보고서를 첨부시켜서 참고자료로 활용한다.

또한 대학들은 등록금 차별화를 위하여 지원자들이 얼마나 장학금을 필요로 하는지를 알아보는 방법들을 사용하고 있다. 예컨대, 대학 캠퍼스를 직접 방문하여 인터뷰에 응하는 지원자들은 상대적으로 등록할 가능성이 높다. 따라서 그런 학생들은 장학금으로 유인해야 할 필요성이 낮다 하겠다. 조기입학 제도를 활용하는 지원자들도 등록금 수준에 덜 민감하다.

이런 간접적인 방법으로 연 2천 달러나 1만 달러밖에 등록금을 낼 수 없는 우수한 학생들이 각각 연 1만 8천 달러나 1만 달러의 장학금을 받아 공부할 수 있도록 하는 것이다.

그런데 등록금이 연 2천 달러인 주립대학들도 다른 주에서 온 학생들에게는 돈을 더 받는다. 처음에는 4천 달러를 내게 하고, 나중에 2천 달러로 줄여 주며, 보통 1년이 지난 뒤에 평준화된다. 최근 오하이오 주의 한 주립대학은 이런 구분을 없애고 모든 학생이 연 4천 달러의 등록금을 내도록 했다. 대신 더 많은 장학금 제도를 시행하기 시작했다. 즉 등록금을 인상하고 그 초과수입을 장학금 확충 재원으로 쓰는 것이다.

한편 UCLA 경영대학원은 최근 주정부로부터 받는 재정지원을 포기하는 대신 등록금을 자율화 할 수 있는 권한을 확보하였다. 즉 UCLA 경영대학원은 더 이상 주립대학이 아니라 사립대학이 된 셈이다. 따라서 교육의 낭비 가능성도 차단된 셈이다.

있는 것 두 개를 하나로

전화든 라디오든, 처음으로 만들어 낸 것을 우리는 '발명'이라고 한다. 그런데 라디오 방식 전화나 전화 방식 라디오를 처음으로 만들어 냈다면? 라디오처럼 움직일 수 있는 전화, 서로 통화할 수 있는 라디오 말이다. 이것이 현실화된 제품이 셀룰러폰, 즉 휴대전화다. 두 가지가 합쳐져서 새로운 제품이 탄생한 셈이다.

이것을 우리는 혁신이라고 말한다. 최초로 만들어 내는 발명과도 다르고, 있는 것을 모두 바꿔 버리는 혁명과도 다르다. 생각해 보면 자동차도 말 대신에 엔진을 장착한 마차이다. 즉 마차와 엔진의 결합, 이 혁신의 결과가 자동차이다. 혁신은 기술적인 문제에 국한된 것이 아니다. 서비스에서도 혁신은 가능하다.

종래 스스로 집을 고치는 핸디맨handyman들은 인근 건축자재상의 단골 고객이었지만, 종종 멀리 떨어진 목재 야적장까지 찾아가야 할 때도 있었다. 하지만 이제 이들처럼 손수 하는 준목수들은 건축자재 전문업체인 홈 디포에서 목재와 건축 재료를 한 번에 살 수 있다. 미국에서 가장 큰 기업 가운데 하나인 홈 디포의 혁신이었다.

소비자의 불편 해소에 불과한 것이 아니냐고 생각할 수 있겠지만 소위 미국에서 '자기 스스로 만들다(DIY, do-it-yourself)'는 추세가 있음을 적절하게 활용한 것이 홈 디포의 혁신이다. 이런 혁신을 통해 '규모의 경제'를 달성하여 싼값에 물건을 공급할 수 있게 된 홈 디포와 동네 자재상과의 싸움에서 홈 디포의 승리는 당연한 일이다.

한편 샌프란시스코 풋볼 팀 이름인 '49ers'는 1849년 캘리포니아 골드러시에 편승했던 사람들에서 유래한다. 그 당시 골드러시가 맹위를 떨치던 지역이 바로 북가주 하이웨이 49번인데, 이때 샌프란시스코에 설립된 리바이스는 그들을 고객으로 잡기 위해 튼튼한 바지인 소위 '청바지'를 개발하여 큰돈을 번다.

이렇게 "남들이 골드러시 붐에 빠져 있을 때 그들에게 필요한 것을 공급하여 돈을 버는 것"이 리바이스의 전략이었다. 곰에게 재주를 부리게 해서 돈을 번 다음, 그 돈을 다 가져가는 상인과 달리 야생의 곰들이 몰려다니며 하는 짓을 유심히 보고 그 곰들을 상대로 돈을 버는 것이다.

그런 리바이스가 요즘에는 '헌옷' 제조회사로 바뀌었다. 튼튼한 작업복이었던 청바지에 유행의 코드를 얹어, 즉 새 바지를 빨아서 낡은 옷으로 만들어 파는 것이다. 패션에는 '왜'가 없다. 패션으로 포장되어진 순간 리바이스의 '헌 새 것'인 청바지는 '새 것'보다 훨씬 비싸게 팔린다.

어떻게 이런 발상을 해냈을까? 리바이스는 단순한 청바지 세탁기술을 뛰어난 사업 감각에 접목시켰던 것이다. 예컨대 돌에 문질러 청바지를 빨았더니 독특한 디자인이 탄생했고, 덕분에 고객의 다양한 욕구를 충족시킬 수 있었다는 식이다.

리바이스는 어떤 방법으로 세탁하느냐에 따라 청바지의 모양과 색상 등에서 차이가 생길 수 있음을 놓치지 않았다. 또한 이런 세탁 방식에 견딜 수 있는 '헌 새' 청바지 제조 방식을 개발하는 열의를 보였다. (세탁 방식에 따라 청바지 질의 견고성이 현저히 떨어지기 때문이다.)

혁신은 하늘 아래 처음 보는 발견일 필요도 없고, 하늘 아래 새 것을 만드는 발명일 필요도 없다. 원래 있던 것을 새롭게 보려는 자세만 되어 있으면 혁신은 멀지 않았다.

현재 노트북 컴퓨터(랩톱 컴퓨터)나 휴대전화기의 충전기는 제각각이다. 때때로 불편하다. 특히 여행 중에는 더 번거로운데, 하나의 충전기로 노트북과 휴대전화를 충전하면 얼마나 편리할까, 종종 생각해 보곤 한다.

나는 기술적 문외한이지만 그리 어려울 것 같지는 않다. 불과 얼마 전까지만 해도 휴대전화기마다 전용충전기가 다 달라서 불편했지만, 이제는 하나의 충전기로 해결되는 세상이니까.

인간사의 두 축

1970년대 후반, 나는 후에 국민은행에 합병된 장기신용은행의 전신인 '한국개발금융'에서 융자 심의를 담당했던 경험이 있다. 당시 개발금융은 국제통화기금 등에서 전대한 자금을 한국 기업들에게 빌려 주었는데, 주로 설비 도입에 필요한 외자 대부를 해주었다.

은행 입장에서는 장기융자 기간 동안에 해당 기업이 충분한 자금 흐름을 창출하여 은행 빚을 갚을 수 있는지, 즉 부채 상환 능력이 우선 관심사이다.

한 번은 호주에서 젖소를 도입하는 프로젝트였는데, 기술부에서 작성해 온 젖소 출산 비율을 보니 매년 수소와 암소의 비율이 51 : 49였다. 수소가 2% 정도 더 출산되는 것으로 예측한 자료였다.

보통 암소가 우유를 생산하는 반면 수소는 좀 키워서 고기로 판다. 우유 때문에 젖소를 도입하는 기업 입장에서는 수소는 별 도움이 안 된다. 이런 기업의 바람과 달리, 당시 왜 기술부에서 수소가 더 많이 생산되는 것으로 작성했는지 의아했었다. 그때 자연법칙이 그렇다는 답을 들은 기억이 난다.

자연법칙은 남아와 여아의 출산 비율을 대체로 51 : 49로 나타낸다. 남자가 전쟁에 참가하고 서로 싸워 사망할 가능성이 더 높고 술에 취하거나 위험한 일을 할 가능성이 더 높기 때문이라 한다. 그래도 남자가 여자보다 2% 정도의 출산 우위밖에 없다.

이 점을 독설가인 버나드 쇼는 저서 《성녀 조안》 서문에서 이렇게 표현하고 있다.

여성이 군복무에서 면제되는 것은 남성이 갖지 못한 부적절을 여성이 타고났기 때문이 아니라, 충분한 여성이 없으면 사회가 후손들을 생산할 수 없기 때문이다. 남성은 상대적으로 없어도 좋고 따라서 희생되어진다.

요즘 한국은 동년배 소년과 소녀 비율이 자연법칙 수준의 2%가 아니라 그의 10배인 20%의 불균형을 나타내고 있다. 예컨대 100명의 12살 소녀당 120명의 12살 소년이 있는 것이다. 이렇게 된 원인은 전통적인 남아선호 사상에 기인하지만, 이렇게까지 된 것은 출산 전에 성 구별이 의학적으로 가능하게 되어 여아 출산을 기피한 결과이다.

이 결과가 나중에 어떻게 될지 궁금하지만, 그보다는 걱정이 앞선다. 우선 현재 한국에 있는 12살의 소녀는 동년배 소년 중에서 골라가며 시집갈 가능성이 높아진다. 처녀 '수입'이나 총각 '수출'이 불가피하지만, 그런 방법으로 성비의 불균형 폭이 해결될 수 있을지는 의문이다. 그런 면에서도 통일이 빨리 이루어져, 12살 소년들이 결혼적령기에 이르렀을 때 북한의 소녀들이 그들의 짝이 될 수 있기를 바란다.

선택이 되어 버린 결혼

결혼은 경제 분석 대상이 아니었으나, '선택'의 면이 결혼에도 있으므로 결혼 경제학이 가능하다. 홀로 있으면서 더 나은 짝을 계속 찾는 것보다 결혼함으로써 더 큰 이득을 얻을 수 있다고 생각하면 '결혼한다'고 보는 것이다.

"자네, 이 결혼은 좀 갑작스럽지 않나?"

"그래, 실은 난 그녀와 한 달이라도 계속해서 데이트할 수 있는 비용이 없어."

데이트는 돈이 들어 곤란하니까, 결혼해서 좀 절약된 생활을 하기로 했다는 뜻이다. 같은 논리로, 결혼을 지속하는 것이 더 이상 유리하지 않다고 판단되면 이혼이 발생한다. 소위 목사가 묶어 준 끈을 변호사가 풀어 주는 것이다. 이혼의 이유는 결혼이라는 자명한 사실을 상기시켜 주는 현 세태의 자화상이다.

이혼율이 증가하는 것은 여성들의 소득이 남성들의 소득에 비해 더 높을 때일 것이다. 결혼을 유지하는 비용이 높아지므로 결혼에서 받을 수 있는 순 혜택이 감소하기 때문이다. 요즘에는 동거, 비 결혼 출산의 증가로 결혼제도 자체가 도전을 받고 있다. 이런 상황에서는 결혼의 특징이 무엇인지 난해하기만 하다.

결혼은 계약이다. 무엇이 계약되어지는가 하는 것이 문제인

데, 생활공간의 공유, 자녀의 공동생산인 출산과 양육을 생각해 볼 수 있다. 동거가 결혼에 있어서 생활공간의 공유를, 미혼 출산은 결혼의 자녀 생산에 대한 몫에 도전하는 것이다. 그렇다면 문제는 어떤 점에서 결혼이 동거나 미혼 출산과 구별될 수 있느냐 하는 것이다.

결혼의 특징은 결국 자녀로 모아지는데, 자동적으로 자녀의 신탁권은 여성에게 주어진다. 자녀를 관리 내지 보호하는 권한은 여성이 소유하고, 남성은 결혼을 통해서 그러한 권한을 얻게 된다고 볼 수 있다.

자동적으로 여성이 자녀의 관리, 보호 권한을 갖고 미혼이거나 이혼의 경우 남성은 그러한 권한을 갖지 못하기 때문이다. 자녀에 대한 관리 및 보호 권한인 재산권 소유가 결혼의 특징이라고 경제적 규명을 해보지만, 결혼이라는 인류 최대의 제도가 대변혁을 겪고 있는 것은 사실이다.

프리드리히 니체는 이렇게 말하고 있다.

> 여인은 남자보다 아이를 더 잘 이해한다.
> 그러나 남자는 여자보다 더 아이 같다.
> 그대 여인들이여, 일어나라. 그리하여 남자들 속에 있는 아이를 찾아내라.

이중 잣대로 판단하는 매춘

이 세상에서 가장 오래된 직업이라는 '매춘'은 도덕적 비난에도 불구하고 여전히 존재하고 있다. 그렇다면 매춘도 사회적 기능을 가지고 있는 셈인데, 중세의 신부 철학자였던 토마스 아퀴나스는 매춘을 '왕궁을 청결하게 유지하게 해주는 하수구'에 비유했다.

매춘의 기능을 인정하지만 한편으로는 매춘을 비난하는 이중적 태도는 구약성서에서도 보인다. 창세기를 보면 성 거래에 있어서 구매 행위는 용인하고 있으나, 판매는 비난한다. 매춘에서 여성이 팔고 남성이 구입하는 것이라면, 구약성서의 기술은 남성 위주이다. 번식 행위가 아닌 비 번식 내지 상업적 성을 비난하는 것이 성경의 취지일 것이다.

그렇다 해도 수요와 공급이 있어서 이루어지는 매춘을, 수요는 인정하면서 공급을 비난하는 것은 가위로 종이를 자르면서 윗날만 사용하고 아랫날은 사용하지 않았다고 주장하는 것과 같다.

오늘날에도 매춘 구입자들의 사회적 경제적 프로파일은 매춘 판매자들의 프로파일에 비해서 훨씬 정상적으로 조사되고 있다. 즉 섹스를 사는 남성들은 보통 남성들의 특징과 별 차이가 없으나, 매춘을 제공하는 여성들은 보통 여성들과 큰 차이를 나타낸다.

매춘 고객 가운데 결혼한 남성이 차지하는 비율은 미혼 남성들에 비해 낮다. 그러나 유부남들이 매춘 수요의 대다수를 차지하는 것도 사실이다. 반면 매춘에 종사하는 여성이 결혼한 경우는 드물다. 왜 유부남이 매춘에 의존하는지 이유는 분명치 않으나, 여성에게 매춘은 노동 집약적이고 저급의 기술을 요하는 직업이다. 반면 저급의 기술을 요하는 비슷한 여성 직업과 비교해서는 매춘의 소득이 높다고 할 수 있다.

매춘의 이러한 상대적 고소득의 원천은 매춘 때문에 결혼을 못하는 여성들의 기회비용을 보상해 주는 것이라고 볼 수 있다. 남성과 달리 가정을 가지고 매춘에 연관되는 여성은 없기 때문이다.

　　고참 윤락녀들이 신참 윤락녀들에게 가르치는 것은 섹스 테크닉이 아니라 대인 기술, 즉 전화 통화법이나 요금 흥정과 징수 등이라는 조사 결과가 있다. 나아가 신참 윤락녀들에게 자신들은 정직한 반면 그들의 고객은 부패하고 위선적이라는 점을 주지시킨다고 한다.

　　결국 윤락녀들은 직업의식에 따른 고객을 다루는 기술을 습득하는 셈이다. 이에 '위선적'인 고객을 다루는 기술에 대한 보상이 매춘 소득에 포함되어 있다고 할 수 있다.

범죄자와 경찰

당연한 얘기지만 소도시나 농촌에 비해 대도시의 범죄가 더 많다. 인구가 많기 때문이다. 인구 비율에 따른 범죄율도 대도시가 소도시나 농촌보다 더 높다. 셰익스피어가 《햄릿》에서 말했듯이, "미친 것에도 조리가 있다." 마찬가지로 범죄도 조리가 있어, 범죄에 따른 이득과 위험이 고려되어 범죄가 발생하기 때문이다.

범죄 이득면에서 보면, 대도시에서 범죄를 저지르는 것이 소도시나 농촌보다 더 이득이 높다. 먼저 대도시에서는 범죄 대상이 넓고 다양하다. 또한 한적한 소도시의 가게보다 대도시의 가게가 범죄로부터 얻을 수 있는 소득이 훨씬 높을 것이다.

범죄의 위험면에서 보면, 대도시에서 범죄를 저지르는 것이 면식 가능성이 훨씬 낮다. 원래 인구가 적고 인구 이동도 적은 소도시나 농촌 지역에서 범죄를 저지르게 되면 얼굴을 알아볼 가능성이 대도시에 비해 높을 수밖에 없다. 따라서 소도시나 농촌 지역 범죄는 상대적으로 체포 가능성이 높아진다. 이에 비해 대도시에서 발생한 범죄는 그 체포 가능성이 상대적으로 낮을 것이다.

경찰관과 절도범이 상존하는 대도시에서는 경찰관과 절도범 간의 공존 관계가 형성될 수 있다. 편의상 절도가 특별한 기술을 요하지 않고 또 경찰의 단속이 없다고 하면, 누구나 마음만 먹으면 손쉽게 남의 물건을 훔칠 수 있다. 따라서 절도에서 얻을 수 있는 이익이 없어진다. 소위 간단한 절도 행위의 완전경쟁 상태이기 때문이다.

그러나 경찰의 단속이 있으면 일정 부분의 절도 행위가 줄어들므로 단순 절도 행위에서도 이익이 가능해진다. 아울러 경찰의 단속을 피할 수 있는 고도의 절도 행위로 초과 이득이 가능해진다. 이런 초과 이득은 일정 기간 뒤에는 경찰의 단속 기법의 발전으로 없어질 테지만. 그 대신 단속을 피할 수 있는 또 다른 고도의 절도 행위로 초과 이득을 얻으려고 할 것이다. 이렇게 범죄 산업과 범죄 단속 산업 간에는 역설적으로 공존 관계가 형성될 수 있는 장이 펼쳐진다.

편의상 남의 차에서 스테레오를 쉽게 떼어갈 수 있다고 해 보자. 더 이상의 경찰 단속은 없다. 별 어려움 없이 마음만 먹으면 남의 차에서 스테레오를 떼어 가다 보니, 차 주인들은 차를 세워 놓을 때 아예 스테레오를 떼어서 내릴 것이다. 그리고 차에 타면 스테레오를 다시 달 것이다. 이를 불편하게 느끼는 사람들이 많아지면 스테레오를 차에서 떼어내면 작동되지 않는 카스테레오 등이 설치된 자동차가 나올 수도 있다. 물론 일정 기간 뒤에는 이러한 기술적 어려움을 극복할 수 있는 절도 기술이 생길 가능성이 있다. 이에 시장은 그러한 절도를 방지할 수 있는 또 다른 신제품을 출시하고….

악순환이긴 하지만, 이렇게 범죄 기술과 범죄방지 기술 간에 시장이 균형(?)을 잡아간다. 현실적으로 범죄가 법으로 금지되어도 범죄는 계속 일어난다. 그러면서 범죄와 법 집행기구인 경찰의 범죄방지 기술 간에 균형이 이루어진다. 또 법적으로 금지되어 겉으로는 범죄가 없는 것처럼 보일지 몰라도, 속으로는 범죄 기술과 경찰 간에 보이지 않는 균형이 생긴다. 그 결과 '적정' 범죄량이 존재하게 된다. 물을 가득 채운 풍선을 위에서 짓누르면 풍선이 옆으로 늘어나는 것처럼. 이는 법집행 입장에서는 모든 불법을 모두 단속할 수는 없고, 법집행에 있어서 최적화를 추구하게 만든다.

이탈리아에서 가죽제품을 살 때 더 조심을!

나는 초등학교 4학년 때부터 부모님 품을 떠나 서울에서 학교를 다녔다. 이른바 조기 유학(?)인 셈이다. 방학이 되면 부모님이 계신 집으로 내려가 생활하였는데, 어찌나 빨리 지나가던지….

개학이 다가와 서울로 올라올 때마다 어머니는 밤이 늦도록 내 짐을 꾸리고 계셨다. 그때마다 짐을 들고 다니는 게 질색이었던 나는 그런 어머니의 행동을 뚱한 표정으로 바라보곤 했었다. 어린 마음에 아들에게 무엇 하나라도 챙겨 먹이고 싶은 어머니의 마음을 이해하지 못하고, "서울에도 좋은 게 많은데 돈으로 주면 되지…" 하면서 불평을 늘어놓곤 했던 것이다.

사실 어린 나이에 짐을 들고 상경하는 것이 그리 쉬운 일은 아니었다. 아침 일찍 일어나 2킬로미터쯤 걸어서 버스 정거장까지 가야 했고, 버스에서 기차로 갈아타고 서울역에 내리면 한밤중이었다. 차를 갈아탈 때마다 어렵게 어렵게 가져간 짐을 서울집에 도착해 풀어 놓으면 잘 익은 밤이며 감이 쏟아져 나왔다. 가지고 오기 힘들어서 그렇지 먹을 때는 기분이 좋았다.

하지만 내가 그토록 고생하며 들고 갔던 밤이며 감들이 동대문시장을 따라가 보면 무더기로 쌓여 있곤 했다. 우리나라에서 가장 좋은 감이나 밤을 서울에 모두 모아 놓은 것 같았다. 역시 서울은 부자들이 사는 곳이었다.

지난 1970년대 초 대학에 입학한 나는 미국문화센터에 다녔었다. 그때 그곳에서 만난 미국인들이 우리나라의 크리스털 제품에 대해 물어본 적이 있다. 당시는 두산이 크리스털 제품을 미국에 수출할 때인데, 그들의 얘기가 "뉴욕에서 봤던 한국산 크리스털 제품이 너무 좋아서 한국에 온 김에 몇 개 사려고 했더니 미국에서 봤던 것보다 못하다"는 거였다. 그 당시에는 크리스털 같은 제품에 대해서는 그다지 관심이 없었던 탓에 그들의 질문을 듣고 그러려니 여기고 말았다.

편의상 크리스털 제품에는 질이 좋은 것(A)과 질이 떨어지는 것(B) 두 종류가 있고, 질 좋은 크리스털 A는 10,000원, 질이 떨어지는 크리스털 B는 5,000원이라고 가정해 보자. 그리고 크리스털을 뉴욕으로 수송하는 데는 1,000원이 든다고 해보자.(질이 좋든 떨어지든 간에 모두.)

이제 한국에서 각각 10,000원과 5,000원에 팔리는 크리스털이 뉴욕에 수출된 뒤에는 A제품은 11,000원, B제품은 6,000원에 거래된다. 다시 말하면 한국에서 A제품은 B제품 가격의 2배만큼 비싸다. 반면 뉴욕에서는 A제품의 가격이 B제품의 1.67배에 불과하다. 서울보다 뉴욕에서 좋은 크리스털의 가격이 상대적으로 싸지는 것이다.

따라서 뉴욕 사람들은 서울 사람들보다 상대적으로 가격이 싸진 좋은 크리스털 제품을 더 많이 살 것이다. 이에 뉴욕 상점들은 서울 상점에 비해 좋은 크리스털을 더 많이 진열한다.

상식적으로 질이 좋은 제품이든 질이 떨어지는 제품이든 운반에 드는 비용이 똑같다면 값이 더 비싼 크리스털을 파는 게 이익이라는 것이다. 즉 이왕이면 질 좋은 크리스털을 가져가는 게 유리하다는 뜻이다.

흔히 "좋은 사과는 워싱턴 주에 있는 것이 아니라 뉴욕에 있다" "최고급 가죽 제품은 이탈리아에 있는 것이 아니라 뉴욕이나 로스앤젤레스에 있다" "이탈리아에서 가죽 제품을 살 때는 더욱 조심해야 한다(왜냐하면 이탈리아에는 상대적으로 질이 떨어지는 가죽 제품이 많이 남아 있으므로)"라는 말들을 듣는다.

대부분의 사람들은 캘리포니아에 오게 되면 좋은 오렌지를 맘껏 먹을 수 있다고 생각한다. 그러나 캘리포니아산 오렌지를 맛보고 나서는 다른 지역 오렌지보다 오히려 못하다며 의아해한다. 특히 뉴욕 손님들은 캘리포니아의 식품점에서 오렌지를 보고는 뉴욕 것보다 못하다며 의아히 여긴다.

그럴 때마다 나는 뉴욕 사람들이 부자니까 좋은 오렌지를 선호해서 그렇다고 대답하곤 한다. 미국에서는 "보스턴에서 지식 자랑을 하지 말고, 필라델피아에서 가문 자랑을 하지 말고, 뉴욕에서 돈 자랑을 하지 말라"는 이야기가 있다.

비슷한 현상은 사과의 예에서도 볼 수 있다. 미국의 사과 산지는 워싱턴 주이다. 그러나 시애틀의 식품점에 가보면 의외로 좋은 사과들이 드물다는 것을 알게 된다. 좋은 사과 역시 오렌지처럼 뉴욕이나 로스앤젤레스에 더 많이 있다.

예전 우리나라에서도 좋은 쌀은 다 서울에 있지, 여주나 이천에 있지 않았다. 물론 서울 사람들이 상대적으로 부자니까 더 좋은 쌀을 먹을 수 있었겠지만, 그렇다고 예전의 우리나라 사정을 미국에 적용시킬 수 있을지는 의문이다. 뉴욕과 캘리포니아 간의 빈부격차가 오렌지 현상을 명확하게 설명할 수 있을까?

쌀도 산지에서 서울로 수송하는 경우, 앞서 말한 크리스털 제품과 마찬가지로 질 좋은 쌀을 서울 사람들이 상대적으로 더 싸게 사 먹을 수 있다. 비슷한 이유로 맛있고 빛깔 좋은 감과 밤도 산지가 아니라, 서울 동대문시장에 있었다고 할 수 있다.

우리 어머니야 자식 위하는 심정으로, 철없었던 나는 짐을 들고 가기 귀찮아(즉 운송비가 많이 들기 때문에) 부렸던 투정이었지만 합리적(?) 행동인 셈이었다.

반면 우리는 "좋은 바닷가재를 먹으려면 메인 주로 가라"는 이야기를 흔히 한다. 신선도가 높은 싱싱한 것을 먹기 위해선 직접 산지에 가야 한다는 의미다. 이왕 돈을 들여 산지까지 내려갔으면 싸다고 살 게 아니라 크고 신선한 최상품 바닷가재를 사 먹어야 한다. 어차피 산지까지 가는 데 들어간 경비(여행비)를 감안하면 최상품의 상대 가격이 신선도가 떨어지는 최하품 바닷가재에 비해 파격적으로 낮기 때문이다.

만약 여러분이 귀한 영광굴비를 사기 위해 일부러 전남 영광까지 내려갔다면, 모르긴 해도 최고급 영광굴비를 사올 것이다. 관광객을 보더라도 이왕이면 여행을 간 지역에서 상대적으로 고급인 제품을 많이 쇼핑한다. 그게 다 상대가격이 그만큼 싸기 때문이다.

한편 제품 대신에 제품을 생산할 수 있는 인력이 장소를 옮길 수 있다면 옮긴 장소에서 더 좋은 제품이 나올 수 있다. 영국 런던에서 최고의 인도요리 요리사들은 인도 출신이다. 이들이 만들어 내는 인도요리는 본국 인도요리보다 더 훌륭한 요리이다. 좋은 인도요리가 영국으로 오기 어려우니 '좋은' 요리사들이 런던으로 이주하였기 때문이다.

수박

누가 뭐래도 계절의 여왕은 여름이다. 여기에는 여러 이유가 있을 테지만 무엇보다 참외, 수박과 같은 제철 과일이 풍부한 것도 하나의 이유가 될 수 있다.

나는 여름 과일 중에는 수박이 왕이라고 생각한다. 시인 정지용도 최소한 수박이 여름을 상징한다는 생각을 했던 것 같다. 그가 남긴 시에는 '수박'을 묘사한 부분이 나온다.

수박 냄새 품어 오는
첫여름의 저녁 때…

이렇게 시작하는 정지용의 〈슬픈 인상화〉 그리고 〈압천鴨川〉의 마지막 부분에는,

'수박 냄새 품어 오는 저녁 물바람'이라는 구절이 나온다.

미국의 식품점에서 수박은 1파운드(약 450그램)가 20, 30센트 정도에 팔린다. 성수기인 여름에는 종종 한 통에 1달러에 판매

되기도 한다. 수박이 풍년이 든 해일 수도 있겠지만, 제철에 과일의 왕을 마음껏 즐기라는 식품점의 배려도 있단다. 물론 그 이유보다는 성수기를 맞아 늘어난 수박 소비를 촉진시키기 위한 식품점의 판매전략일 것이다.

여기서 우리는 수박의 파운드당 가격을 내리면 될 텐데, 왜 굳이 한 통씩 낱개로 파는지 의문이 생긴다.

수박을 무게로 팔려면 먼저 품종과 맛 등을 고려해 수박을 적당히 구분한 다음 1파운드씩 잘라서 진열하는 수고로움이 따른다. 이러한 판매비용은 당연히 수박값을 올리고, 식품점 입장에서는 수박의 성수기나 비수기나 비용면에서 별 차이가 없다.

반면 성수기의 수박값은 비수기에 비해 가격이 많이 싸다. 따라서 성수기의 수박값에서 차지하는 판매비용(수박을 1파운드씩 나누는 데 드는 비용) 비중이 비수기에 비해 상대적으로 높아진다. 이 경우 식품점의 이윤도 자연 줄어든다. 그래서 식품점은 별다른 추가 비용이 들어가지 않는 방법, 즉 낱개로 파는 것이다.

이렇게 식품점은 수박 판매비용을 줄여 이윤감소를 방지할 수 있다. 또는 판매비용의 절감을 통해 수박 가격을 낮출 수도 있는데, 가격이 떨어지면 판매량이 늘어나 이윤이 증가될 수 있다. 따라서 수박의 성수기가 7월 초순 내지 중순이라면 그때가 5월, 9월의 비수기보다 식품점이 낱개로 수박을 팔 가능성이 높다.

정지용의 또 다른 시 〈저녁 햇살〉에는, '네 입술은 서운한 가을철 수박 한 점'이라는 구절이 있다.

이렇게 귀한 비수기의 수박 공급을 위해 우리나라에서는

비닐하우스에서 수박을 재배한다. 수박 재배도 이렇게 되면 공장에서 나오는 제품이나 마찬가지다. 제철이 아니니 수박 재배 비용이 턱없이 높아질 것이고, 수박을 파는 데 따른 판매비용이 차지하는 비중은 상대적으로 높지 않게 된다.

일반적으로 제품생산 비용의 차이는 국가 간 무역을 가능하게 만든다. 한국의 비닐하우스에서 재배되어 겨울에 나오는 수박보다 한국이 겨울일 때 여름인, 예컨대 칠레에서 재배되는 수박을 수입하는 것이 더 유리할 수 있다.

하지만 여기서 고려해야 할 것이 바로 국제무역에 따른 거래비용이다. 거래비용에는 국제 운송비, 보험료, 환율 등이 포함되는데, 이것을 감안하고도 칠레산 수박이 싸다면(무역업자가 이익을 볼 수 있다면) 두 나라 간 수박 무역이 가능해진다.

소위 '완전경쟁' 하에서는 국제무역의 이러한 거래비용이 없다고 가정한다. 따라서 제품들이 아무런 비용 없이 국경을 넘나들 수 있다고 가정한다. 우리 역시·칠레 자유무역협정(FTA) 체결로 거래비용이 상당히 줄어들었다.

현실적으로는 여전히 국제무역에 따른 거래비용이 존재한다. 하지만 이 비용이 높아 제품의 국가 간 이동이 불가능해지면 제품의 생산요소인 노동이나 자본의 국가 간 이동이 야기된다.

또한 식품점의 경우, 원칙적으로는 수박의 판매비용이 없다고 가정하는 것이 완전경쟁이지만, 현실적으로 어려운 일이다. 그래서 식품점들이 '낱개 판매'라는 전략을 세워 조금이라도 판매비용을 줄이는 것이다.

조망권

중국의 옛 시인 백낙천은 집 앞에 서 있는 오동나무에 걸린 달을 보고 흥에 겨워 그 집값을 더 쳐주었다고 한다. 사람마다 취향도 제각각인데, 집 앞 우물가의 앵두나무 사이로 뜨는 달을 보고 그 집에 매료될 수도 있다.

여러분의 집에서 바다가 한눈에 내려다 보인다고 하자. 이 전망 때문에 집값이 더 나갈지도 모른다.

그런데 앞집 뒷마당에 심었던 소나무가 자라서 더 이상 여러분의 집에서는 바다를 볼 수 없게 되었다. "아, 이래서 옛 사람들이 집 앞에는 오동나무를, 집 뒤에는 소나무를 심었구나" 하고 깨우치지만 때는 이미 늦었다. 사실을 미리 알았어도 별수 없었을지도 모른다. 앞집 사람이 자기 땅에 소나무를 심는데, 내가 어떻게 왈가왈부할 수 있겠는가. (그는 현명하게 집 뒤에 소나무를 심은 것일지도 모른다.)

이 경우 여러분이라면 어떡할 것인가? 앞집 주인에게 소나무를 베어 달라고 부탁해도 쉽게 들어주지 않을 텐데. 그래서 은밀히 그에게 "얼마를 주면 소나무를 베겠느냐"고 물어봤다고 하자. 처음에는 들은 체도 않던 앞집 주인이 마침내 "얼마 얼마를 주면 그 소나무를 베어 버리겠다"고 전해 왔다. 이제 공은 여러분 코트로 넘어 왔다. 여러분은 그 돈을 주고 집의 전망을 회복하든지, 아니면 그냥 참고 살든지 둘 중 하나를 선택해야 한다.

그런데 때마침 여러분이 사는 시에서 "남의 집 조망을 가로막아서는 안 된다"는 조망권眺望權 조례를 통과시켰다고 한다. 이제 법이 앞집 주인에게 그 소나무를 베도록 요구하고 있는 셈이다.

상황이 급반전하여 앞집 주인이 여러분에게 "얼마를 주면 그 소나무를 그냥 놔두게 할 수 있느냐"고 물어본다고 하자. 고심 끝에 여러분이 "얼마 얼마를 받으면 그 소나무를 그냥 둘 수 있겠다"고 제의했다.

이제 앞집 주인은 그 돈을 여러분에게 지불하든지 아니면 그 소나무를 베어 내야 할 것이다. 결국 여러분이 바다를 볼 수 있는 조망권과 앞집 주인이 집 뒷마당에서 소나무를 키우는 즐거움, 이 둘 중에서 자신이 부여하는 가치가 더 큰 사람이 기꺼이 대가를 지불할 것이다. 돈이 됐든 조망권 포기가 됐든.

처음에 앞집 주인이 그 소나무를 베는 대가로 100만 원을 요구했는데, 여러분이 거절했다고 가정해 보자. 이를 근거로 앞집 주인은 여러분이 집 전경에 부여하는 가치가 100만 원 이하라고 판단하여 50만 원에 소나무를 그대로 두겠다고 제안했다. 이에 서로 흥정하여 100만 원 근처에서 그 나무를 살리거나(여러분의 집 전망을 가리거나), 아니면 흥정을 깨고 시 조례에 따라 앞집 주인이 소나무를 베어야 할 것이다.

여기서 알 수 있듯이 법은 누가 누구에게 지불하는 것만 예시하고 있다. 처음에는 탁 트인 조망을 잃어버린 여러분이 앞집 주인에게 돈을 지불하려고 했지만, 시 조례가 통과된 뒤에는 앞집 주인이 여러분에게 돈을 지불하려고 했다. 구체적으로 100만 원에서 얼마가 빠진 금액이 그 나무가 생존하는 대가였다. 이 대가는 여러분과 앞집 주인 간의 흥정의 결과이고, 법과는 전혀 관계가 없었다.

만약 시 조례를 위반했을 때 부과되는 벌금이 50만 원보다 적은 30만 원이라면 차라리 앞집 주인은 벌금을 내고 소나무를 살리지, 여러분과 흥정하지는 않았을 것이다.

이야기를 살짝 바꿔, 앞집 주인이 갑자기 그 집을 내놓았다는 소문이 들린다. 아직 시 조례는 통과되지 않았고, 소나무 역시 그대로 심어져 전망을 가리고 있다. 이 경우 여러분이라면 어떻게 할 것인가? 지금 여유가 있다면 당장 앞집을 사버리고 싶을 것이다. 다행히 여러분은 앞집 주인에게서 그 집을 살 수 있었다. 즉 이번 사례는 여러분이 양쪽 집 주인이다. 이제 소나무의 운명은 여러분 판단에 달렸다.

만약 소나무를 보는 즐거움이 전망을 가리는 불편보다 더 크다면 여러분은 그 나무를 그냥 놔둘 것이다. 그렇지 않다면 그 소나무를 여러분 집 뒷마당으로 옮기고, 그 자리에는 전망을 가리지 않는 키 작은 나무를 심을 것이다.

반면 시정 담당자는 성공적인 도시 건설을 위하여 조망권뿐만 아니라 도시의 전반적인 문제들을 결정한다. 도시가 성공하기 위해서는 살기 좋은 환경이 만들어져서 사람들이 모여들고 서로 교류하여야 하기 때문이다. 그러나 좋은 환경 자체가 사람들을 도시로 끌어모은다기보다는 사람들이 모여 각자의 능력을 발휘할 수 있고 상호 교류를 통하여 발전을 기할 수 있는 환경이 도시 발전의 전제이다. 따라서 시정 담당자도 눈앞의 규제보다 원칙과 규정을 세워 이해당사자들이 협의를 통해 상호이익을 도모할 수 있는 환경을 조성하는 것에 우선순위를 두어야 한다.

나중에 탄 사람이 먼저

고층건물의 위층에서 아래층으로 내려가는 엘리베이터를 탄 경우, 1층에 도달했을 때 사람들이 내리는 순서는 어떻게 될까? 일반론은 후착순이다. 나중에 탄 사람일수록 1층에서 먼저 내리는 것이다. 이를 후입선출後入先出, LIFO(Last In, First Out)이라 한다.

이것은 위층에서 먼저 탄 사람들이 엘리베이터 안쪽으로 서서히 움직이고, 늦게 탄 사람들이 문 쪽에 서 있기 때문이다. 그래도 막상 1층에 왔을 때는 혼선이 생긴다.

민주사회에서는 신분상 차별이 없지만 사회적 예의는 있다. 노약자, 어린이뿐만 아니라 여성이 먼저 엘리베이터에서 내리는 것도 별 무리가 없는 경우 사회통념인 것 같다. '아름다움이 지혜보다 먼저(Beauty before wisdom)'라는 말이 미국에서는 거의 격언이나 마찬가지인 세상이니까.

회사 사장이나 중역 등도 회사 내 엘리베이터에서는 보통 우선권이 있다. 한편 나이는? 나이야 호적상 숫자니 무슨 의미가 있겠는가? 남자야 생각하기 나름이고 여자는 보이는 게 중요하지.

거리에서 운전을 하다 보면 종종 일단정지 사인(스톱사인)을 보게 된다. 이 표지를 보면 무조건 멈췄다가 가야 하는데, 선착순先着順인 양쪽 일단정지 사인에서 어느 차가 먼저 출발하느냐 하는 문제와 엘리베이터 예의는 반대이다.

또한 일단정지 사인은 상대방 운전자와의 일회성 조우에 불과하지만, 엘리베이터 예의는 반복성일 가능성이 높다. 그 건물에 입주해 있거나 자주 방문한다면.

그러나 사고를 피하기 위하여 선착순이 불분명한 경우 '보수적' 운전자가 되라는 충고는 엘리베이터 예의에도 적용될 수 있다.

양쪽 스톱 사인같이 사회의 일반적 원칙은 선착순이다. 이는 엘리베이터에서는 먼저 탄 사람이 먼저 내리는 것이다 [이를 선입선출, FIFO(First In, First Out)이라 한다]. 따라서 엘리베이터의 일반론은 사회통념에 반하는 것이다. 도착순과는 반대로 늦게 도착한 사람이 먼저 내리기 때문이다.

간혹 큰 병원이나 공항에서 양쪽에 문이 달린 엘리베이터를 본 적이 있을 것이다. 탈 때와 내릴 때 열리는 문을 다르게 한 것이다. 누가 낸 아이디어인지 참 기발하다는 생각이 든다. 먼저 내리려고 엘리베이터 문 쪽에 서 있는 사람이 많은데, 반대쪽 문이 열린다면 누가 시키지 않아도 저절로 사람들 걸음이 안쪽으로 향할 것이다.

그렇다면 창고에 가득 쌓인 원료 중에서 어떤 재고가 먼저 사용될까? 선착순 개념에 따라 선입선출 방식이 주로 사용된다. 먼저 입고한 재고를 제품 생산에 먼저 쓴다고 간주하는 것이다. 그러나 재고를 창고에 보관하는 경우, 대개는 먼저 들어온 것을 창고 안쪽에 쌓아둘 것이다. 나중에 들어온 재고들이 창고 입구 쪽에 몰려 있고.

이중에서 재고가 필요하면 문에서 가까운 쪽 재고를 먼저 끄집어낼 것이다. 마치 1층에 도달한 엘리베이터에서 나중에 탄 사람이 먼저 내리는 것과 같이. 이렇게 보면 후입선출이 창고의 재고 배열에 맞는 회계법이다.

인플레이션 경향이 있는 경우 가장 오래 된 재고를 사용하는 것으로 간주하는 선입선출 회계법은 재고 원가가 저평가되어 당기순이익을 후입선출 방식을 사용하는 경우보다 상대적으로 부풀릴 것이다.

반면 후입선출 방식은 나중에 들인 재고가 사용되는 것으로, 사용 재고 원가에 그만큼 인플레이션 추세가 반영될 것이다. 대신 선입선출 방식은 회사 대차대조표 상에 남아 있는 재고 가치를 후입선출 방식보다 상대적으로 고평가할 것이다.

선착순인 경우 길게 줄을 서서 기다리는 것은 그만큼 사회적으로 낭비다. 이렇게 낭비인 줄을 없애는 방법은 없을까? 선착순을 후착순으로 바꾸면 된다.

예컨대 약수터에서 물을 마시거나 길을 때 맨 나중에 도착한 사람이 맨 앞으로 가서 먼저 물을 뜨면 된다. 이 경우 줄을 선다는 것은 나중 도착자가 없는 경우에만 효력이 있다.

그러나 늘어선 줄을 무시하고 앞쪽으로 가라는 것은 소위 '새치기'를 하라는 뜻인데, 공중도덕 개념으로는 이해되기 어려울 것이다. 비록 줄을 서서 기다리는 아까운 시간은 없어지겠지만.

근본적으로 수요와 공급의 일치는 시장가격 메커니즘을 통해 해소된다. 하지만 단기에 있어서는 생산이나 고용 수준보다 가격의 움직임이 늦다는 것이 현대 거시경제학의 대전제이다.

그래서 가격 조정 대신에 기업이 먼저 생산을 줄이고, 이에 고용이 줄어드는 실업이 발생하고, 경기후퇴가 생기는 것이다. 가격이 신축적으로 움직이는 장기에는 실업이 최소한 문제가 될 수 없다.

제품을 사기 위해 줄을 서서 기다리는 것도 가격을 올리지 않고 먼저 온 사람에게 팔기 때문이다. 이 과정에서 기다린 총 시간은 사회적 손실이다. 그만큼의 '실업'이 발생한 것이다. 이 사회적 손실을 없애는 한 방안이 줄을 설 필요를 없애주는 후 착순이다. 그러나 이 경우도 근본적으로는 가격을 올리면 기다리는 줄을 없앨 수 있는데, 신축적 가격조정이 안되어 줄을 선 것이다.

쇼핑카트

내 입장에서는 충동적으로 식료품점에 들르게 되는데, 몇 개의 품목을 사더라도 바구니를 들고 다니면 무거울 듯싶어서 쇼핑카트를 끌게 된다. 큰 쇼핑카트에 달랑 상품 몇 개만 담아서 계산 줄에 서 있는 게 좀 멋쩍긴 하지만…. 어쨌든 1980년대에 비해 쇼핑카트가 상당히 커졌음은 분명하다. 그 이유야 어렵지 않게 유추해 볼 수 있다.

먼저 직업을 가지고 활동하는 여성들의 수가 급격히 늘어나 가사를 전담하는 여성들이 줄었다는 데서 그 이유를 찾을 수 있다. 즉 직업을 가지고 있는 여성들은 전업주부들에 비해 쇼핑에 쓸 수 있는 시간이 부족하기 때문에 한꺼번에 많은 양을 구입하는 경향을 보인다. 결국 큰 쇼핑카트가 필요해진 것이다.

식료품점의 입장에서도 고객의 방문 횟수가 줄어들면서 고객들의 쇼핑 목록을 늘려서 매출을 맞추는 전략을 선택할 수밖에 없다. 따라서 식품뿐 아니라 보건약품, 가정용품까지 취급하게 된다. 쇼핑카트가 커져야 하는 당연한 이유다.

쇼핑카트가 커지면 통로도 따라서 커져야 한다. 결국 식료품점의 규모가 커지게 되는데, 이런 대형화 추세에 따른 불가피한 비용의 상승은 '규모의 경제'를 통한 흡수가 따르지 못하는 한 고객들의 부담으로 전가될 수밖에 없다.

심리적인 요인도 있다. 바로 내가 느꼈듯이 큰 쇼핑카트에 몇 개의 물건만 달랑 넣은 채 줄을 설 때의 멋쩍음(다른 사람의 시선을 의식한) 말이다. 이런 심리로 인해 식료품점을 찾은 고객들은 크게 필요하지도 않은 물건까지 구입하는 경향을 띤다.

식료품점을 찾을 때마다 갖게 되는 의문이 있다. 미국의 식료품점 계산대에는 급행라인이 있다. 적은 상품을 구매한 고객들을 위한 일종의 전용라인이다. 이들은 급행라인을 통해서 오래 기다리지 않고도 계산을 끝낼 수 있는 데 반해, 많은 상품을 구매한 고객들은 일반 줄에서 상대적으로 오랫동안 기다리는 불편을 감수해야 한다.

왜 식료품점은 결과적으로 몇 품목 사지 않은 손님들은 급행라인을 통해 빨리 내보내고, 구매액이 큰 고객에게는 오래 기다리게 하는 불편을 주는 제도를 채택하고 있을까? 구매를 많이 하는 큰 고객, 따라서 충성도가 높은 고객을 더 우대해야 하는 것 아닌가?

그래서 실시하는 게 단골고객 우대제도(Frequent Shopper Program)인데, 항공사의 단골고객 우대제도와 유사하다. 상품 구매액에 따라 일정 포인트를 적립해 주는 방식이다. 많이 사면 살수록 포인트가 쌓여 나중에 그 포인트로 현금이나 상품권 등으로 돌려받을 수 있다. 비행 거리를 포인트로 계산해 각종 혜택을 주는 항공사처럼.

그럼에도 식료품점에서는 구입량이 많으면 우대가 아니라 박대를 받는 것 같은 기분이 드는 건 왜일까? 그곳에 있는 급행라인 때문인데, 이는 편의점으로 향하는 고객들의 발걸음을 돌리기 위한 방안이다 느긋한 상황의 고객이 아니라 바쁜 고객을 위한 줄인 것이다.

생의 주기에 따른 사랑

데니스 로버트슨 경은 컬럼비아 대학 개교 200주년 기념연설에서 이렇게 질문했다.

"경제학자들이 경제화economize하는 것은 무엇인가?"

그리고 그가 내놓은 대답은 놀랍게도 '사랑'이었다.

경제학자의 입에서 '사랑'이란 말이 나오니 조금은 생경하게 느껴지기도 한다. 하지만 로버트슨 경조차 '사랑'을 최고의 가치로 말하고 있으니, 사랑에 대해 한 번쯤은 진지하게 생각해 보는 것도 괜찮을 듯싶다.

사실 누구나 사랑을 말하고 사랑을 하고 있지만, 사랑을 정의하라고 하면 뭐라고 답할까? 객관적이든 주관적이든 수많은 답들이 존재할 것이다. 아마도 사랑이 없다면 지금까지 우리를 울리고 웃겼던 수많은 문학작품들도 없을 것이다. 문학 소재로 사랑만큼 많이 쓰인 게 어디 있으랴.

이쯤에서 문학작품을 통해 사랑의 의미를 되새겨 보는 것도 좋을 듯싶다. 그래서 고른 것이 사랑을 묘사한 짤막한 단편소설들이다. 여기서는 간략하게 다루겠지만, 한 번쯤 읽어 봐야 할 작품이라는 점은 분명하다. 일단 사랑을 묘사한 단편소설들 중에서 '빵장수의 한 다스(baker's dozen; 13개)'만 골라 보자. 선정 기준은 내가 읽어 본 작품들 중에서 내 기호에 맞는 것들이다. 비록 문학에 관한 한 아마추어라 할 수 있지만, 어떤 것은 영어로 또 어떤 것은 우리말로 감명 깊게 읽은 작품들이다.

그들 일곱 명의 작가는 기 드 모파상, 안톤 체호프, 이반 투르게네프, 제임스 조이스, 캐서린 맨스필드, 어니스트 헤밍웨이, 그리고 서머셋 모옴이다. 여기서 후자에 소개한 넷은 영어로 작품을 쓴 작가들이다.

이 가운데 수백 편이 넘는 모파상과 체호프의 단편소설 중에서 각각 100편 이상은 읽었던 것 같고, 모옴의 경우에도 4권으로 묶인 펭귄시리즈에 100편 정도가 실려 있다. 반면 나머지 작가들의 작품 수는 그리 많지 않은데, 특히 조이스는 작품집 《더블린 사람들》에 실린 15편이 전부다. 투르게네프도 《사냥꾼 일기》에 실린 27편이 주축을 이뤄 그의 단편 세계를 보여 주고 있다.

지금부터 소개하는 작품들은 '인생 단계에 따른 사랑의 전개 과정을 나타낼 수 있는 것'들이다. '제품수명주기설'을 유추하여 풋사랑 혹은 짝사랑, 사랑의 개봉기, 몰입기, 그리고 성숙 단계, 사양 단계로 구분하였다. 그러다 보니 당연히 주인공이나 주요 등장인물의 나이가 구분의 주요 기준이 된다.

먼저 사랑의 개봉기를 신제품 단계라고 보면 풋사랑 혹은 짝사랑은 시제품 정도에 해당될 것이다. 신제품에 해당하는 것이 첫사랑일 테고. 모든 신제품이 다 성공하지 못하는 것처럼 첫사랑도 실패할 때가 많다. 오죽하면 "첫사랑은 이루어지지 않는다"고 할까. 사랑의 성장기는 개봉기와 몰입기가 겹친다고 볼 수 있다.

또한 소개하는 작품은 모두 단편들이다. 중편소설은 제외하였는데, 이에 따라 투르게네프의 잘 알려진 명작 《첫사랑》을 비롯해 많은 작품들이 빠진다. 또 하나는 남성의 시각뿐 아니라 여성의 입장에서 사랑을 묘사한 작품들을 포함하여 서로 균형을 잡도록 노력했다. 앞서 언급한 7명의 작가 중 여류작가는 맨스필드뿐이다.

이렇게 선정된 작품들이 제임스 조이스의 《애러비》《하숙집》《작은 구름》《고통스런 사건》, 안톤 체호프의 《키스》《귀여운 여인》《개를 끌고 다니는 여인》, 모파상의 《죽은 애인》《달빛》, 투르게네프의 《밀회》, 헤밍웨이의 《흰 코끼리 같은 언덕들》, 맨스필드의 《차 한잔》 모옴의 《외양과 실재》 등 총 13편이다. 제임스 조이스가 4편, 체호프가 3편, 모파상이 2편, 투르게네프와 헤밍웨이, 맨스필드, 그리고 모옴이 각각 1편씩 포함되었다.

우선 눈에 띄는 것이 제임스 조이스에 편중되었다는 것인데, 그의 작품이 1/3을 차지한다. 조이스는 일생동안 딱 15편의 단편(그 중 《죽은 사람들》은 중편)밖에 안 썼는데, 이 가운데 4편이 선택됐다는 점에서 더욱 그렇다. 이는 조이스의 단편집 《더블린 사람들》에 매혹된 필자의 주관적 판단이 들어갔을 테지만, 무엇보다 그의 단편집이 더블린 사람들의 생애 전개 과정을 묘사한 점이 필자의 시도에 적합하였기 때문이라고 할 수 있겠다.

만약 '빵장수의 한 다스'가 13개가 아니라 14개였다면 첨가

시켰을 작품은 맨스필드의 《행복》 같은 작가의 유사한 작품이 이미 포함되어 있어 아쉽지만 제외시켰다. 또 체호프의 《아뉴타》도 마지막까지 고심한 작품이다.

투르게네프 역시 1편밖에 포함되지 못했는데, 우리 시도에 적합한 그의 작품들이 《첫사랑》《짝사랑》처럼 중편이기 때문에 어쩔 수 없었다. 그러나 단편 《시골의사》는 정말이지 필자의 결정을 어렵게 했는데, 최종 선택에서 빠졌다. 반면 모파상의 《보석》과 조이스의 《이블린》은 이 책의 다른 장에서 언급하고 있으므로 제외했다.

작품 선정에 대해 마지막으로 말하고 싶은 것은 13편 모두 한 단면을 묘사한, 소위 스케치형이라는 점이다. 혹은 인상파적인 작품들이라 할 수 있다. 이는 체호프의 영향이라 할 수 있으며, 목록에 포함된 작가 7명의 공통된 성향이기도 하다. 체호프는 그 테크닉 자체를 모파상에게서 배워 완성시켰다. 그리고 이것은 조이스(그는 체호프의 소설을 읽지 않았다고 주장하지만), 맨스필드, 헤밍웨이 등에게 영향을 끼쳐 단편소설의 주류를 형성하였다.

이와는 다른 성향의 작가가 프란츠 카프카이다. 카프카의 작품들은 설명될 수 있는 것들을 설명하려고 하지만, 그 배경에는 '이해할 수 없는 것들'이 도사리고 있는 특징을 가지고 있다. 그의 소설 《성》《변신》 등이 이런 특징을 잘 드러낸다. 사실 이런 성향을 가진 카프카의 단편 《시골의사》도 충분히 필자의 선정목록에 포함될 수 있으나, 이번에는 제외시켰다. 대신 《거부》전문을 여기에 소개하는 것으로 아쉬움을 달랜다.

내가 한 예쁜 소녀를 만나 이렇게 간청한다.

"아무쪼록 저와 같이 가 주십시오."

그러나 그녀는 한마디 대꾸도 없이 그냥 지나쳐 가버린다. 그 행동으로 그녀가 하려는 말을 미루어 짐작할 수 있다.

"당신은 명문가의 귀족이 아니에요. 더구나 인디언 같은 용모에 병아리 같은 눈과 평원을 흐르는 강의 공기에 단련된 피부를 가진 전형적인 미국인도 아니고요. 당신은 내가 모르는 7 대양 그 어디도 항해해 보지 못했어요. 그런데 왜 나 같이 예쁜 소녀가 당신과 함께 가야만 하는지 말해 줄래요?"

"당신은 거리를 달리는 자동차에 타고 있지도 않고, 반원을 그리며 뒤따르는 사람들, 즉 당신에게 축복의 말을 중얼거리는 사람들도 없어요. 이것을 당신은 잊고 있어요. 당신의 가슴은 윗옷으로 단단히 동여매져 있으나 넓적다리와 엉덩이는 절제심을 사라지게 만들어요. 당신은 지난 가을에 우리 모두를 즐겁게 했던 호박단 옷에 주름치마를 입고 있어요. 도덕적 위험을 초래하는 웃음을 때때로 흘리면서."

"그래요, 우리 둘 다 맞아요. 우리가 그 사실을 너무 잘 알아 어찌할 수 없는 상황이 되지 않도록, 그냥 각자 집으로 가는 게 더 낫지 않을까요?"

1. 풋사랑

투르게네프의 소설 《첫사랑》 도입 부분에서 한 등장인물이 이렇게 말한다.

"나에겐 첫사랑이란 없었답니다. 다짜고짜 두 번째 사랑부터 한 거죠. …내가 최초이자 최후의 사랑을 한 것은 여섯 살

무렵으로, 상대방은 내 유모였습니다만…"

이렇게 애매하게 우리는 '사랑'에 대하여 눈을 뜨는지도 모른다. 아니면 조이스 《애러비》에 나오는 주인공 소년처럼 동네 놀이친구 누이에 대하여 막연한 생각을 품는지도 모른다.

"그녀의 이름은 나의 모든 어리석은 피를 솟구치게 하는 것 같았다."

"그녀의 이름이 나 자신도 이해 못하는 이상한 기도나 찬사 형태로 순간순간 내 입에서 튀어 나왔다."

이러한 몽상은 어느 날 갑자기 그 대상에 대한 한줄기의 현실 직시를 통해 연기처럼 사라져 버릴 수 있다. 그 결과 "공허함에 끌린 피조물로 고통과 분노로 이글거리게 된다."

2. 사랑의 개봉기

체호프의 《키스》는 한 수줍은 청년 장교가 퇴역 장군의 저택 파티에 초대되어 갔다가, 어두운 방에서 다른 사람으로 잘못 안 아가씨로부터 기습 키스를 당한 것이 사건의 전부이다.

놀란 아가씨는 급히 방을 뛰쳐나가고, 장교는 그 처녀가 누구였는지 '영원히' 궁금하다.

투르게네프의 《밀회》는 주인을 따라 촌에서 도시로 떠나는 하인 총각이 시골 처녀의 순정을 거만하게 무시하는 장면을 우연히 숲속에서 지켜보는 이야기이다.

스페인의 촌 기차역에서 마드리드 행 기차를 기다리면서 젊은 남녀, 특히 남자가 말하는 내용이 헤밍웨이의 《흰 코끼리 같은 언덕들》이다. 남자는 여자가 임신 중절수술을 받기 원하는 본심을 여자가 '알도록(?)' 감추고, "네가 정말 원하지 않으면 할 필요 없다"는 말만 공허하게 되풀이한다.

조이스의 《하숙집》은 하숙생 밥 도란이 말괄량이 하숙집 주인 딸과 사귀다가(미지근했지만 한편에서는 의도했던) 하숙집 여주인에게 들켜, 강제적으로 '보상'을 해야 할 처지에 놓인 이야기다. 그 보상은 다름 아닌 그녀와의 결혼.

3. 사랑의 몰입기

모파상은 한 단편에서 "결혼생활이란 낮에는 악평의 교환, 저녁에는 악취의 교환"이라고 평한다.

모파상의 《죽은 애인》은 지난 1년간 미치도록 사랑했던 애인이 어느 날 외출했다가 비를 맞고 돌아와서는 자리에 눕는다. 그리고 3일만에 죽어 버린다. 청년은 "그녀는 태어나서, 사랑을 했고, 여기 누워 있다"고 새겨진 그녀의 묘비 앞에서 슬퍼하다가 잠이 들었다. 그때 그녀의 유령이 나와서 자신의 묘비를 다음과 같이 고치는 것을 목격한다.

"어느 날 그녀는 남자를 만나러 외출했다가, 폐렴에 걸려, 여기 누워 있다."

체호프의 《귀여운 여인》은 처음에 한 남자를 만나 결혼하고, 그 남자가 죽자 슬픔에 빠져 있다가 다시 다른 남자를 만나 재혼하고, 다시 그 남자가 죽자 또 다른 남자와 사랑에 빠져 결혼하고…. 이렇게 결혼을 반복하는 여자의 이야기다. 누군가를 항시 사랑해야 하고 사랑 없이는 살 수 없는 한 여인의 이야기이다.

맨스필드의 《차 한 잔》은 부유한 여주인공이 길에서 만난 가련한 여인을 집으로 데려와 차 한 잔을 대접하려는 내용이다. 그러나 깔끔해진 이 여인에게 관심을 보이는 남편 때문에 질투심을 느낀 여주인공은 돈 몇 푼을 쥐어 주고는 그 여인을 급히 내보낸다. 그리고 시침을 떼고 이렇게 묻는다. "여보, 나 예뻐?"

조이스의 《작은 구름》은 자기보다 못했던 친구가 런던에서 성공한 언론인이 되어 돌아온다. 그와 만난 주인공이 자기의 신세를 한탄한다. 별 매력 없는 아내와 어린아이, 그리고 무미한 가정과 건조한 직장생활 등.

4. 사랑의 성숙기

모옴의 《외양과 실재》는 젊은 정부가 다른 젊은 남자와 함께 침대에 있는 것을 목격한다. 늙은 주인공이 질책한다. 그러자 정부는 자기가 그 젊은 남자와 결혼했고, 당신이 목격했다면 괜찮은 것이냐고 반격한다.

체호프의 《개를 끌고 다니는 여인》은 휴양지에서 만난 유부남과 유부녀가 서로 사랑에 빠지는 이야기다. 소설은 이렇게 끝을 맺는다.

"끝이 아직 멀고, 아주 멀다는 사실과 가장 복잡하고 어려운 부분은 이제 막 시작이라는 것을 두 사람 모두 명백하게 알고 있었다."

조이스의 《고통스런 사건》은 음악회에서 알게 된 한 중년 부인이 애정 조짐을 나타내자, 결벽주의자 주인공은 매정하게 결별한다.

4년 뒤 주인공은 그녀가 알코올 중독에 빠져 사고로 죽은 사실을 신문을 통해 알게 된다. 비로소 그는 자기 주변에 아무도 남아 있지 않음을, 철저히 혼자임을 절감한다.

5. 사랑의 사양기

모파상의 《달빛》은 조카딸이 달밤에 한 청년과 데이트하는 것을 목격한 신부가 하나님이 달밤을 창조한 진정한 이유를 깨닫게 된다는 이야기이다.

이렇게 인생에서 가장 중요한 사랑도 생애의 단계에 따라 신축성을 갖는다. 사랑도 그렇다면 우리가 믿는 이론도 신축적인 적용이 필요한 것이다. 물론 냉철한 머리를 가지고 이론을 구성하여야 하겠지만, 동시에 따뜻한 가슴을 가지고 현실을 인식하여야 한다는 의미이다. 사랑이 기업, 나아가서 사회를 직시하여야 하는 사회과학도들에게 주는 교훈인 셈이다.

조이스의 더블린 사람들

마크 트웨인이 한 말을 약간 바꾸면 "소설은 사실과 달리 이치에 맞아야 한다"는 문장이 만들어진다.

20세기 최고의 소설가 가운데 한 명인 제임스 조이스의 소설들은 이러한 이치들을 교묘하게 배치해 놓은 것으로 유명하다. 그의 대작 《율리시스》 또한 마찬가지다. 이에 조이스는 향후 100년간 문학평론가들이 자신의 작품에서 그것들을 찾아내느라 바쁠 거라고 말했다.

아일랜드 출신인 제임스 조이스의 자전적 소설, 《젊은 예술가의 초상》은 작가의 작품관을 잘 이해할 수 있는 작품이기에 시사주간지 《타임》이 선정한 20세기 최고의 소설일 것이다. 그런데 그가 20대에 썼다는 《더블린 사람들》은 조이스의 특징을 잘 나타내는 단편집이면서, 나중에 그가 쓴 대작들보다 내용을 이해하기가 한결 쉽다.

총 15편의 단편으로 구성된 《더블린 사람들》은 아일랜드의 더블린에 사는 사람들의 '마비(paralysis)' 현상을 묘사한 작품이다. 즉 소설의 일관된 주제는 정신적 속박에 묶여 있는 더블린 시민들을 묘사하고 있는데, 이러한 특징은 매일 같이 반복되는 생활에 지배당하면서도 그것으로부터 벗어나기를 두려워하는 현대 도시민들에게도 그대로 적용된다.

각 단편마다 특별한 사건이 일어나지 않는 것이 조이스의 특징을 나타내고 있지만, 그의 단어 선택은 경제성의 극치이다. 단어 하나하나가 한 줌의 낭비도 없이, 마치 하늘의 별과 같이 배열되어 하나의 체제를 지향하는 것은 조이스만의 매력이다.

《더블린 사람들》의 4번째 단편 〈이블린〉은 여주인공 '이블린'이 고향을 방문한 선원 출신 애인 '프랭크'와 함께 아르헨티나의 부에노스아이레스로 한밤중에 배를 타고 도주할 것인지 '2층' 창문에 머리를 기대고 고민하는 것으로 시작된다.(그녀의 고민은 한마디로 'How frank is Frank?' 즉 '프랭크가 얼마나 솔직한가?'이다.) 이렇게 '높이'를 암시하면서 시작된 소설은 이블린이 북반부 더블린에서 남미 부에노스아이레스로 내려가는 '타락'이라는 해석도 가능하다.(그 당시에 '부에노스아이레스에 가다'란 말은 '창녀가 된다'는 은어였다.)

부에노스아이레스도 '좋은 공기'나 '대기'라는 뜻으로 높이를 나타내지만, 이블린의 성도 '미스 힐', 즉 언덕이다. 또한 "프랭크가 부에노스아이레스에서 성공했다"는 문장도 "He had fallen on his feet in Buenos Ayres"로 높이에서 성공적으로 안착한 것으로 표현한다.

결국 그녀는 프랭크가 자신을 '물에 빠트릴' 거라는 두려움 때문에 배를 타지 못한다. 《더블린 사람들》의 9번째 소설 〈분풀이〉는 법률사무소에 근무하는 패링튼이 자신의 상사한테 꾸중을 듣고 화가 나서 술집에 갔다가 팔씨름을 하는데, 그것마저 지고 나니 화가 더 치밀어 집에 와서 힘없는 아들을 때리는 이야기이다. 이 소설의 원제목 'Counterparts(대응)'는 직장에서 강자와 약자인 상사와 패링튼, 집에서 강자와 약자인 패링튼과 그의 아들, 이렇게 '대응'을 이루는 구성을 나타낸다.

한편 사무실에서 패링튼이 하는 일은 계약서를 복사하여 사본을 만드는 것이다. 소설의 제목 'Counterparts'는 '사본'이라는 뜻도 갖고 있다. 또한 많은 등장인물들이 자신들이 한 말을 반복하고, 행동 역시 되풀이되기도 한다. 'Counterparts'를 '반복'으로 보고 예컨대 패링튼은 반복되는 팔씨름에서 두 번다 진다.

작가가 20세기 초에 쓴 이 단편에서 주인공 패링튼의 업무는 지금은 더 이상 필요치 않은 일이다. 요즘은 사무실마다 복사기가 있어 일부러 직원을 뽑을 이유가 없다. 그러면 현대 사무실에서 패링튼 같은 사람은 아예 필요 없는 것일까?

비록 사본을 손으로 베끼는 업무는 없어졌지만, 패링튼 같은 사람은 지금도 여전히 있을 것이다. 다만 현대의 패링튼은 자신의 컴퓨터 앞에 앉아 있을 것이다. 컴퓨터 덕에 패링튼의 생산성은 증가될 테고, 자연 보수도 늘어날 것이다. 물론 컴퓨터 지식은 필수겠지만.

그러나 현대 사무실 역시 패링튼 같은 단순 노동을 하는 사람들이 점점 설 자리를 잃어 가고 있다. 노동 수요가 절대적으로 감소하고 있는 것이다. 이와 같은 비숙련 노동의 공급 과잉은 선진국뿐 아니라 전 세계적인 현상으로 나타나고 있다.

'마비'가 더블린 사람들이 자유, 승화, 그리고 충족을 갖지 못하는 정신적, 육체적 상태를 묘사한 것이라면, '성직 매매'로 묘사되는 더블린 종교계의 부패는 20세기 초 더블린 사람들이 마비 상태를 벗어나지 못하게 만든 주요 방해물이었다는 것이 조이스의 주장이었다.

그러나 현대 도시생활에서의 마비 현상은 정신적 가치와 물질적 가치가 서로 교환됨으로써 생기는 정신적 도착倒錯, 즉 현대판 성직매매 현상이 주원인이다. 이것이 바로 조이스의 《더블린 사람들》이 현대인들에게 지금까지 읽히는 이유일 것이다.

작품 속 등장인물의 주 무대였던 '더블린'은 바로 지금의 이 세상이 아닐까? 시대와 장소는 바뀌었어도 더블린 사람들의 정신적 마비와 혼돈에 빠진 일상은 계속되고 있다. 제임스 조이스, 그는 20세기 최고의 천재 소설가였다.

사람에게 정보는 비대칭이다

선물: 나는 당신에게 주는 것은 알고 있지만, 당신이 무엇을 받는지는 모른다

생의 도처에는 정보 불균형이 도사리고 있다. 가정에서도 부모와 자식 간, 남편과 아내 간에 정보 불균형이 존재한다. 사회에서는 교수와 학생, 의사와 환자 그리고 변호사와 의뢰인 간에 정보 비대칭이 있다. 극단적으로 말하면 교수는 학생들의 지식의 무지(ignorance)를 이용하는 것이고, 의사는 환자의 의학적 무지를, 변호사는 의뢰인의 법률적 무지를 이용하는 직업이다.

일은 언제나 손쉽게 있다

에덴의 동산에서 쫓겨난 이래 우리는 우리가 가진 것보다 항상 더 많은 것을 원해왔다. 우리는 더 많은 종류의 상품을, 그리고 그들을, 현실적으로 획득할 수 있는 것보다 더 많이 원한다. 더 많은 것을 추구하는 물질적 욕망을 포기하라는 종교적이거나 철학적 권고들에도 불구하고, 우리의 욕망과 목표는 충족되어지지 않고 남아 있어 왔다.

사실 욕망은 인간이 살아가는 데 기본이 되는 요소이다. 맛있는 것을 먹고 싶은 마음, 좋은 물건을 갖고 싶은 마음, 오래 살고 싶은 마음, 이런 것이 모두 욕망이다. 또한 이러한 욕망 때문에 인간은 그 환경을 개선하여 발전하여 왔다. 우리는 할 일이 많은 사람들이다. 크게는 더 잘 살기 위해서이고 우리의 처지를 더 낫게 하기 위해서이지만, 작게는 우리의 처지를 유지하기 위해서도 일을 하여야 한다. 즉 사람은 일을 하는 존재이다.

이 점을 경제학은 '우리의 욕망은 무한하다. 그러나 그 욕망을 충족시킬 수 있는 자원은 유한하다'고 지적한다. 이런 한정

자원에 직면하여 우리는 자원 사용에 있어서 효율적인 선택을 하여 우리의 욕망을 충족시켜야 한다. 이것이 경제학의 전제이다. 즉 경제학은 우리는 희소성scarcity의 세계에 살고 있다고 전제한다. 희소성稀少性이란 재화가 생산되어지는 것보다 우리는 더 많은 재화를 원한다는 것이다.

이러한 희소성을 해결하기 위하여 우리는 할 일이 많은 사람들이다. 원하는 것보다 더 적은 재화가 생산되어지는 한 우리는 재화를 더 생산할 수 있는 일이나 활동에 매진한다. 희소성이라는 엄연한 현실은 그를 해결하기 위하여 우리가 할 수 있는 수많은 생산적 일들이 있음을 뜻한다. 즉 일은 언제나 손쉽게 있다.

일은 언제나 손쉽게 있다고 우리는 상정할 수 있지만 일과 직업(job) 간에는 차이가 있다. 직업은 일을 하는 것을 동의한 고용인과 그를 허락한 고용인 간의 계약이다. 직업은 고용주와 고용인 간의 '결혼'이다.

일이 언제나 손쉽게 있으면 실업失業은 왜 있는 것일까? 결혼도 언제나 할 수는 있지만 결혼이 어려운 것은 삼척동자도 다 안다. 주되 이유는 서로에 대한 정확한 정보가 부족하기 때문이다. 실업도 직업에 대한 정보 공유가 고용인과 고용주 간에 정확이 이루어지지 못한 것이 주 원인이다.

수많은 직업들이 있다. 그 중 어느 직업은 채워지고 어떤 직업은 채워지지 않고 계속 남아 있을까?

우선 한 직업이 매우 높은 임금을 제공하면 그 직업은 금방 채워질 것이다. 반면 매우 낮은 임금이 제공되면 그 직업은 공석으로 남아있다. 따라서 직업이 제공하는 임금이 그 직업이 할 만한 가치가 있는 직업인가를 결정한다. 예컨대 매우 높은 임금을 제공하는 직업을 임금을 반으로 줄이고 직업도 둘로 늘인다고 생각해보자. 그 두 직업도 금방 채워질 것이다. 나아가서 임금을 1/4 수준에 원래 직업을 4개로 세분할 수 있다면, 이와 같이 임금 수준을 계속 낮추면 가능한 직업의 숫자는 무제한으로 늘릴 수 있다.

한 직업이 할 만한 가치가 있느냐는, 그 직업이 제공하는 임금에 달렸다. 이는 가격이 자원배분을 결정한다는 의미에서 시장경제이고 구체적으로는 노동시장의 유연성이다.

《괴짜경제학》의 저자인 스티븐 레빗 교수가 속편에 해당하는 《슈퍼 괴짜경제학》을 2009년에 내놨다. 그 맨 처음에 매춘 분석이 있는데, 다음과 같은 대전제를 한다 : '유사 이래로 범세계적으로, 남성은 그들이 공짜로 얻을 수 있는 것보다 더 많은 섹스를 원하여 왔다. 이에 불가피하게 이 수요를, 적절한 가격에, 충족시키는 여성들의 공급이 발생한다.'

이를 레빗 교수는 자본주의의 문제점은 가격만 맞으면 어떤 생각할 수 있는 혐오스러운 직업도 가능한 것이라고 슬쩍 지적하지만, 보통 우리도 '매춘은 가장 오래된 직업'이라는 면피성 지적을 한다.

반면 사회주의는 '능력에 의해서가 아니라, 필요에 의하여'라는 정치적 원칙을 주창한다. 그러나 칼 맑스도 공산주의 초기에는 소득이 '각자의 일에 따라서(to each according to his work)' 분배되는 사회를 상정하였다. 노동의 기여 분에 따른 소득분배 구조이지만, 극단적으로는 사람 수에 따라 직업 수를 결정하여 모든 사람이 다 직업을 가질 수 있게 되는 구조이다. 결과적으로 매우 낮은 임금 수준에 너무 많은 직업들이 창출되었다.

노동자들은 일하는 체 하고, 정부는 그들에게 지불하는 체 한다는 지적이 옛 공산주의 국가들에 있어 왔다. 공산주의는 직업의 숫자를 무제한으로 늘린 것이다. 이 결과 임금 수준이 거의 무의미해졌기 때문이었다.

질문: 공산주의 하에서 전구를 갈려면 몇 사람이 필요한가?

답: 다섯. 한 사람이 전구를 붙잡고 서 있으면. 네 명은 그가 서 있는 탁자를 돌린다.

반면 자본주의는?

답: 아무도 필요 없다. 시장이 알아서 해결한다.

반면 자본주의의 선두에 서게 되는 경영학 석사(MBAs)들은?

질문: 몇 명의 MBAs가 전구를 가는 데 필요할까?

답: 오직 하나. 만약 당신이 나를 채용한다면.

선물

선물을 주고받는 이유에 대해 인류학자나 사회학자들은 사회관습 내지 풍습이라 말한다. 선물은 스스로 자신의 의지에 따라주는 것처럼 보이지만, 사실은 강제성과 이해타산이 숨어 있다는 것이다. 따라서 그들 학자들이 관심을 갖는 것은 "선물을 주고받는 데 따른 원칙이 무엇인가" "선물을 받고 강제적으로 답례를 하게 만드는 것이 무엇인가" 같은 것들이다.

반면 경제학자들은 선물에 따른 가치에 관심을 가진다. 그들은 선물교환과 상품교환 간의 차이에 주목하는데, 선물은 물물교환 같은 전통적 재화로서 상품과 같은 근대적 의미의 재화와 성격이 다르다고 볼 수 있다. 상품교환은 거래 당사자 간에 흥정을 통해서 돈과 상품이 교환된다. 반면 선물은 상품의 소유자가 바뀔 때 그에 수반되는 화폐 지급이 없다.

이탈리아 태생으로 아르헨티나에서 평생 목수로 일한 것으로 알려진 안토니오 포치아는 "준 사람은 알고 있지만 받은 사람은 모른다"는 말로 선물의 특징을 규정하였다. 즉 선물을 주고받은 사람 간의 '기대의 차이'가 생길 가능성을 제기한 것이다.

어쨌든 선물에 대하여 경제학자들이 갖는 관심도 선물을 주고받는 자 사이에 선물의 가치평가가 다르다는 점에 모아진다. 선물을 받는 사람은 대개 선물의 그 가치를 30%까지 낮게 평가한다고 한다. 예컨대 한 사람이 100달러짜리 선물을 준 경우, 선물을 받은 사람은 그 가치를 70달러로 평가할 수 있다는 것이다.

그런데도 왜 우리는 30%의 경제적 손실을 보면서까지 굳이 선물을 할까? 상품권이나 현금을 줄 수도 있는데 말이다. 선물에는 선물의 값어치보다 더 큰 무엇이 있다고 생각할 수 있다. 선물에는 주는 사람의 '마음'이라는 무형의 가치가 보태지기 때문이다. 즉 단순히 얼마짜리 물건을 전달하는 데 그치는 것이 아니라, 나의 정성과 성의를 보태준다는 것이다. 당신의 선물의 사기 위해 백화점까지 찾아가고, 상품을 고르기 위해 몇 시간이나 고민하고, 나의 온 마음과 시간을 모두 담았다는 사실이 상품과 함께 포장되어 있는 것이다.

이것 외에도 또 다른 가치를 보탤 수 있다. 나는 당신이 무엇을 좋아하고 원하는지 잘 이해하고 있다는 걸 보여주는 것이다. 평소에 당신에 대해 많은 관심을 기울이고 있었기 때문에 당신이 무엇을 원하는지 이미 알고 있었고, 그래서 많은 시간을 내서 쇼핑을 할 필요도 없었다는 점을 보여줄 수도 있다. 물론 상대가 가지고 싶었지만 여러 가지 이유로 살까 말까 망설이던 물건이라면 그 가치는 더욱 커질 것이다.

오 헨리의 단편 《크리스마스 선물》은 선물이 자기고 있는 가치를 극명하게 보여준다. 소설은 "1달러 87센트. 그게 전부였다"는 말로 시작한다.

어느 크리스마스 이브, 남편 짐은 자신의 시계를 팔아 아내에게 줄 머리빗을 사고 아내 델라는 길고 탐스런 머리카락을 잘라 남편의 금시계에 어울리는 시곗줄을 산다. 짐과 델라는 서로 사랑하기 때문에 상대의 필요를 정확히 파악하고 선물을 준비한다. 슬픈 우연의 일치로 소설에서 그들은 서로에게 필요가 없어진 물건을 선물하고 만다.

그러나 가난하기 때문에 선물을 하기 위해서는 자신의 가장 소중한 것들을 팔아야 했던 부부. 상대 역시 그런 판단을 할 수 있었음을 서로 사랑하는 그들 부부는 미리 눈치채지 않았을까? 선물이 진정한 사랑의 표시인 경우이니….

인류학자나 경제학자들이 규정하고 있는 선물의 의미나 가치가 무엇이든 간에 우리가 선물을 주고받는 것은 이처럼 단순한 상품을 넘어 그 속에 마음이라는 크고 감동적인 가치가 담겨 있다고 믿기 때문일 것이다. 즉 선물의 가치는 상품의 값이 아니라 상대에 대한 관심과 애정의 크기와 비례하는 셈이다.

숙제

숙제에는 어떤 의미가 포함되어 있는가? 선생은 왜 학생들에게 숙제를 내주는가? 혼자서 문제를 풀며 머리를 좀 쥐어뜯는 기회를 주기 위해 숙제를 내주는 것일까? 그렇지 않다. 숙제는 바로 가르침의 연속이다. 배움의 연장이다. 선생의 가르침과 통제를 벗어난 곳에서 가능한 모든 수단을 강구하여 배우라는 거다. 모든 수단에는 다른 사람들의 도움도 포함되어 있다. 즉 선생은 이미 학생들이 숙제를 하면서 부모나 친구들의 도움을 받아 문제를 해결할 것임을 알고 있고, 친구의 숙제를 아예 베껴서 내는 경우까지 있음을 안다.

그렇다면 친구의 숙제를 베낄 것을 알면서도 왜 숙제를 내줄까? 선생이 기대하는 것은 설령 숙제를 베낀다 하더라도 그 과정에서 서로 가르쳐 주고 협력하면서 배우는 기회를 가질 수 있을 것이라고 생각하기 때문이다. 다시 말해 숙제는 일종의 '공동작업'이라고 할 수 있다. 숙제를 통해 서로의 아이디어를 교환하고 토론하는 것만으로도 그 목적의 일부를 이룬 것이다.

선생은 문자 그대로 학생보다 '앞 선' 사람으로 학생들의 무지를 깨우쳐 주는 사람이다. 당연히 선생이 학생들보다 정보 우위를 점하고 있다. 선생은 자기가 가르친 것이 제자인 학생들이 다 이해하여 학생들 간에 정보 상 차이가 없기를 바란다. 그러나 학생들 간에는 공부를 잘하는 학생, 못하는 학생이라는 식으로 정보 상 차이가 있다. 따라서 숙제를 통하여 학생 간의 이런 정보 불균형이 해소되기를 바라는 것이 선생의 의도이다.

나아가서 학생들이 졸업 후 활동할 우리 사회는 그 구성원들 간에 정보 불균형으로 특징지어진다. 선생은 학생의 무지를 깨우치도록 도와주는 것이지만, 의사는 환자의 의학 지식 무지를 해결하여 주는 것이고, 변호사도 의뢰인의 법률 지식 무지를 도와주는 것이다.

기업도 소비자인 고객에 비하여 자기가 생산한 상품이나 서비스에 대한 정보를 더 잘 알고 있다. 기업이 고객과의 관계에서 정보 우위를 갖는다. 이러한 고객과 기업 간 정보 불균형 문제들을 해소하는 것이 기업 경영이다. 또 생±의 도처에 정보 불균형이 도사리고 있다. 가정에서도 부모와 자식 간, 남편과 아내 사이에 정보 불균형이 존재한다.

동료 학생 간에 공동 작업으로 숙제를 함으로써 이러한 정보 불균형문제 해결을 위한 정보소통 능력을 배양하는 것이다. 하지만 이런 '공동 작업'을 해낼 좋은 동료가 없는 경우라면 문제를 해결하기 위해 홀로 머리를 쥐어뜯어야 할지도 모른다. 하여 우수한 동료들이 많은 학교를 좋은 학교라고 말해도 틀리지 않을 것이다. 물론 좋은 선생들도 있어야 하겠지만. 어쨌든 학생들이 좋은 학교에 가려고 노력하는 것은 선생뿐 아니라 동료들로부터 배울 수 있는 기회가 많기 때문이고, 이런 '외부 경제'를 활용하는 한 방안이 숙제인 것이다. 동료 학생들이 서로 도와 숙제를 해결하기 위해 토론하는 과정에서 지적 능력을 향상시킬 수 있기 때문이다.

나는 훌륭한 교수들을 확보하지 못한다 해도 좋은 학생들만 모을 수 있다면 경제적인 면에서 효과적인 대학을 세울 수 있다고 생각한다. 동료 학생들이 서로 도와 숙제를 해결하기 위해 토론하는 과정에서 지적 능력을 향상시킬 수 있기 때문이다. 실제로 많은 대학들은 이런 학습 방법을 택하고 있기도 하다. 그룹 프로젝트나 팀워크 형태의 대학 숙제나 집에서 시험문제를 풀어 오는 '테이크 홈 이그잼(take-home exam)'을 생각해 보라.

테이크 홈 이그잼은 시험이라기보다는 오히려 숙제와 가까운 셈이고, 시험시간에 모든 자기 자료를 참고할 수 있는 '오픈 북 테스트(open-book test)' 또한 '단독 숙제'라고 할 수 있을 것이다. 대학원의 세미나나 워크숍 역시 동료 학생들 간의 아이디어 교환 공간이라 할 수 있고, 경영학 석사과정에서는 많은 '공동 숙제'가 있다. 그룹 프로젝트라 부르기는 하지만 3~4명이 한 그룹을 형성해 여러 과목에서 공동작업을 한다.

생각해 보면 경영대학원의 교실들은 학생 간 상호의견 교환을 촉진시키기 위한 구조를 가지고 있다. 경영대학원 교실들은 안락하게 돌아가는 의자들이 달려 있는 반원형의 긴 책상들이 계단식으로 설치돼 있고, 교실 아래쪽에서 강사가 강의를 진행하는 구조이다. 학생들이 교실 위에서 강사를 내려다보는 구조이다. 또한 학생들은 간단히 의자만 돌리면 옆쪽, 위쪽에 앉아 있는 다른 학생들과 토론을 할 수 있으며, 대화 중에도 서로 시선 접촉을 쉽게 할 수 있다. 이렇게 경영대학원은 졸업 후 예상되는 전문직종의 특성 중 하나인 동료 간 공동업무에 대비하여 학생 간의 대화를 훈련시키는 것이다.

물론 숙제를 베낄 수도 있다는 점을 예상한다고 해서, 베끼는 모든 행위를 정당화해 주는 것은 아니다. 가령 마지막 순간에 남의 것을 급히 베껴서 제출하는 숙제가 그렇다. 그렇게 급히 베껴서 숙제를 제출한 학생이 문제를 제대로 이해할 수 있었다고 보기가 어렵기 때문이다. 대개의 이런 숙제들은 시간에 쫓긴 나머지 노트를 찢어 마련한 종이에 엉망진창의 필체로 베껴져 있기 십상인데, 선생이 학생들의 숙제를 검토할 때 우선순위로 걸러 내는 것들은 이런 불완전한 형태의 숙제들이다. 그리고 이런 숙제에 대한 평가에서 '보여 준 사람'보다 더 낮은 점수를 주는 건 당연하다.

숙제와 정반대 쪽에 위치한 것이 학교 시험이다. 숙제는 학생 간의 정보교환이 원활하게 이루어지기를 바라는 것이지만, 시험은 주어진 시간에 학생 개개인의 단독 작업으로 진행된다. 학생 간의 정보 교환은 엄격히 금지된다.

평소에 "충분히 베끼라"고 숙제를 내주었을 때는 등한히 하다가 정작 시험을 볼 때는 동료의 것을 급히 베끼려는 학생이 있었다. 선생이 눈치를 채고 학생에게 다가가자 학생이 눈을 감았다. 왜 눈을 감느냐고 물으니 그 학생은 "하느님께 답을 알려달라고 기도를 드리고 있었습니다" 하고 대답했다. 교수가 "그래, 하느님이 답을 가르쳐 주던가?"하고 묻자, 학생은 "아직

요!"라고 대답했다.

이 문제에 대한 나의 질문에 어느 철학교수는 이렇게 말했다.

"혼자의 힘으로 해결해야 할 시험에서 하느님께 도움을 청했으니, 컨닝이지!"

숙제는 신경을 써서 열심히 베껴도 좋다. 보여주는 동료만 있다면. 그것이 공부이다. 하지만 시험은 그렇지 않다. 나 혼자서 나 자신을 만나는 고독한 영광의 순간이다. 이때 외로움을 느껴 남의 것을 훔치고자 한다면 너무 늦다. 시험은 숙제가 아니기 때문이다.

영어

내가 중학교에 입학했을 때 바뀐 환경 중의 하나는 연필 대신 펜을 사용하게 되었다는 것이다. 작은 병에 담긴 잉크를 가지고 다녔는데, 잉크가 새서 책이나 도시락 보자기를 적시는 일이 다반사였다. 털털한 성격의 나는 교복에도 이곳저곳 잉크를 묻히고 다니기까지 했었다. 어쨌든 연필 대신 펜을 사용하면서 중학생이 된 것을 실감하게 된 셈이다. 게다가 그 펜을 이용해서 영어 알파벳을 베낄 때의 기분은 문득 대단한 학문을 배우기라도 한 느낌이었다.

내가 영어를 처음 배웠던 그때에도, 영어는 학교의 핵심 교과였다. 고등학교, 대학교 입학시험을 볼 때는 물론이고, 취직시험을 보려고 해도 영어 실력이 신통치 않으면 언감생심이었다. '공부를 잘한다'는 학생은 곧 '영어를 잘하는' 학생이었다. 하지만 영어시험에서 높은 성적을 받았던 학생들이 과연 의사를 소통하는 면에서 영어를 잘하는 학생이었는지는 의문이다.

실제로 당시 '영어 잘하는' 학생은 영문법에 정통하고 영어 해석에 능통한 것을 의미했기 때문이다. 그때만 해도 영어로

의사소통하는 능력은 논외였고, 입시는 물론 취직시험에서도 영어로 의사소통하는 능력은 검증하지 않았다. 흔히 지적되는 입시 위주의 영어 교육이다. 의사소통이 목적인 언어를 우리는 단지 입학시험을 위해 배웠던 것이다. 중학교에서는 고등학교 입학시험을 위해, 고등학교에서는 대학 입시를 위해.

그렇다면 대학에서의 영어 교육의 목적은? (당시 대학에서 영어 교육을 시켰다면) 취직시험 때문이다. 그렇다면 취직한 뒤에는 영어 공부를 할 필요가 없는 것이 아닌가. 더 이상 합격해야 할 시험이 없으니 말이다. 직장을 구한 뒤에 시작되는 냉혹한 인생 시험(?)을 위해서라면 또 모를까.

왜 우리는 이런 식의 영어 교육을 계속해 왔던 것이고, 목적은 무엇이었을까?

입학시험은 말할 것도 없이 '공부 잘하는' 학생을 선발하기 위함이다. 중학교는 좋은 고등학교에 보내는 것이 목적이고, 고등학교는 공부 잘하는 학생을 뽑아 좋은 대학에 보내는 것이 목적이었다. 그렇다면 취직시험은? 그 역시 '공부 잘했던' 학생들을 뽑는 시험이다. 공부를 잘하는 학생이란 '영어를 잘하는' 학생이라는 묵시적인 가정 아래 취직시험에서도 영어가 핵심적인 역할을 했던 것이다. "대학을 나온 사람이 미국인을 만나 영어 한마디 변변히 못한다"는 식의 비판을 많이들 받았지만, 영어 교육의 실제 목적이 미국인과의 의사소통에 있다기보다 '공부 잘하는 사람'을 선발하는 데 필요한 요소로 작용했기 때문에 쉽사리 바뀌지 않았다.

기업에 따라 차이가 있겠지만, 신입사원을 선발하는 기준은 대개 '능력'과 '성실'의 범주에 든다. 문제는 사람의 '능력'과 '성실'이란 가치를 어떤 식으로 평가할 수 있느냐 하는 점이다. 이 건 쉬운 문제가 아니다. 따라서 '누가 능력이 있고 그리고 입사 후에 성실히 근무할 것인가'를 나타낼 수 있는 지표가 필요하다. 이 지표로서 취직시험에서 나타난 영어성적이라는 확실한 정보를 사용하였던 것이다. 영어는 이 사람이 지난 10년간 성심誠心을 가지고 노력한 결과물이라고 생각했기 때문이다.

짧은 시간 동안 이루어지는 면접을 통해 능력과 품성을 검증할 수도 있을 것이다. 예컨대 면접시험을 치르는 사람에게 "능력이 있느냐?"고 물어 본다고 하자. 대답은 모두 "예"일 것이다. 능력 있는 사람은 능력이 있어서 그럴 테고, 능력 없는 사람도 아마 그렇게 대답할 것이다. 누구나 합격하기를 바라므로. 따라서 능력을 검증하는 시험에서는 '1+1=?' 같은 문제가 더 효과적일 것이다. 이와 같은 필기시험에선 실력이 따라주지 않으면 정답을 맞힐 수 없기 때문이다. 예전에 어느 기업인은 면접에 역술가를 동원하기도 했다지만, 아무래도 시험만큼 객관적 평가를 내리기는 어려웠을 것이다. 비록 어느 정도 문제는 가지고 있지만, 시험보다 더 완벽한 제도를 찾기 어렵기에 우리는 한 사람의 능력과 품성을 평가하는 잣대로 널리 쓰고 있는 것이다.

그런데 왜 하필 영어시험이 사람의 능력과 품성을 평가하는 잣대가 되었을까? 이는 즉 국제어로서 위상을 가진 영어의 비중을 반영할 뿐 아니라, 시험에서 영어 실력이 그 사람의 능력과 성실을 나타내는 훌륭한 지표가 될 수 있었다고 믿었기 때문이다. 즉 중학교부터 시작되는 영어 정규학습은 중, 고등학교와 대학 졸업에 이르기까지 10년 학창시절의 성실성과 그에 상응하는 실적, 즉 능력을 가장 잘 반영한다. 국어나 수학은 타고난 소양을 많이 반영하고 초등학교에서 이미 6년간 공부를 한 것이다. 영어도 물론 어학 능력을 반영하는 면이 있지만, 구어체 영어가 아니니 큰 변수가 되지는 않을 것이다.

이와 관련하여 생각해 볼 수 있는 점은 사어死語인 라틴어를 가르치는 명문 고등학교들이 있다. 죽은 언어이니 필요도 없을 뿐 아니라 어려운 라틴어를 굳이 공부하는 이유가 선뜻 이해되지 않는다. 그럼에도 이런 어려운 라틴어 공부를 성공적으로 이수하였다면 그 사람의 능력과 성실을 잘 나타내는 지표가 아닐까?

법만으로는

조물주에게 반기를 들었다가 천당에서 쫓겨나게 된 사탄이 하나님에게 물었다.

"곧 사람을 만드신다면서요?"

"그것은 네가 관여할 일이 아니다."

"어쨌든 그들도 법이 필요할 텐데, 그들 스스로 법을 만들게 하면 안 될까요?"

"흐흠, 그건 괜찮겠지."

이에 사탄은 회심의 미소를 지으면서 물러난다.

이것은 암브로스 비어스의 책 《악마의 사전》에 나오는 이야기다. 그 뒤에 인간 세상에서 벌어지고 있는 일들을 보고 있노라면, 창세기 당시 바쁜 와중에 하나님이 사탄의 꼼수에 넘어가서 한 수 당했다는 생각을 지울 수가 없다.

물론 법적 문제는 아담과 이브가 에덴동산에서 쫓겨난 이후에 생긴 것이다. 하나님은 아담과 이브가 금단의 열매를 따먹을 거라고는 전혀 예상하지 못했다. 그래서 '사탄의 꼼수'를 별 생각 없이 허락한 것인데, 그 결과 하나님의 법이 아니라 인간의 법이 만들어졌다. 결국 절대적 법이 아니라 상대적 법이 되고 말았다.

이탈리아 화가 마사치오가 15세기에 그린 〈에덴동산에서의 추방〉을 보면, 에덴동산에서 쫓겨나는 아담과 이브의 모습이 벽화에 담겨 있다. 이브의 입에서는 신이 없는 세상에서 인간의 고뇌를 한탄하지만, 슬픔과 절망감에 빠진 아담과 이브는 저항 없이 천사의 지시에 따라 무작정 뚜벅뚜벅 걸어 나간다. 하나님의 법을 어겼기 때문이다.

고대 그리스 시대 소피스트였던 에우아틀로스는 프로타고라스 밑에서 변론술을 공부했는데, 첫 사건에서 승소하면 프로타고라스에게 수업료를 지불하기로 계약을 맺었다. 그런데 공부를 끝낸 에우아틀로스는 도통 법원에 가지 않을 뿐더러 수업료를 낼 기미도 안 보였다. 이에 프로타고라스는 수업료를 받기 위해 에우아틀로스에게 소송을 제기하였다.

프로타고라스는 어떤 판결이 나도 수업료를 받을 수 있다고 생각하였다. 자신이 이기면 판결에 의해 돈을 받을 테고, 진다 해도 에우아틀로스가 이긴 것이니 계약 대로 수업료를 받게 되는 셈이다.

반면 에우아틀로스의 생각은 전혀 달랐다. 자기가 이기면 당연히 수업료를 낼 필요가 없고, 설령 자신이 지더라도 아직 승소하지 않았으므로 프로타고라스에게 수업료를 지불할 까닭이 없다고 생각했다.

이것이 그 유명한 프로타고라스의 재판이다.

법이 인간 세상에서 법 전문가들의 꽃놀이패 놀이가 되어 버렸다. 선생은 학생을, 학생은 선생을 소송한다. 나아가 변호사가 변호사를 소송한다. 한 도시에서 변호사가 혼자 개업을 했다가 결국 사무실 문을 닫으려 할 때, 다른 변호사가 와서 새로 사무실을 열자 갑자기 일이 바빠지기 시작한다. 이미 플라톤의 《대화편》에서도 "정의란 강자의 이익을 대변하는 것 외엔 아무 것도 아니다"라는 푸념이 나오지만, "정의란 변호사가 대변한다"가 현대판 푸념일 것이다.

서구에서 최초의 변호사는 아브라함일 것이다. 구약성서에서 아브라함은 소돔이 멸망할 때 같이 휩쓸려 가는 불쌍한 사람들의 운명을 신에게 물어보았다. 하지만 현대의 아브라함들은 '낭비'의 새로운 정의를 "변호사들을 실은 버스가 낭떠러지 아래로 떨어진 경우 빈자리 두 개"라는 냉소까지 유행하게 만들었다. 변호사들이 채우지 못한 그 두 빈자리까지도 낭비라는 말이다.

뉴욕 컬럼비아 대학은 제이콥슨이라는 재학생이 등록금 납부를 거부하자 소송을 제기했다. 이에 제이콥슨은 학교를 상대로 맞고소를 했다. 대학이 지혜를 가르쳐 주지 않았다는 것이었다.

지혜는 단순히 가르쳐 줄 수 있는 게 아니므로 그 누구도 약속할 수 없다는 대학 측의 논리에 제이콥슨은 "대학 건물들 전면에 '소피아(Sophia: 그리스어로 지혜), 사피엔치아(Sapientia: 라틴어로 지혜)'라고 써놓은 것은 무엇이냐"며, '지혜'가 교과 과정에 없다면 왜 선전을 하느냐고 반박했다. 뉴저지 주 법원은 대학의 손을 들어 주었다. (제이콥슨은 변호사를 선임하지 않고 스스로 변론을 폈다.)

한편, 1985년 영국에서 노리스 맥휘터가 "나체 여성 몸 위에 자기 얼굴이 겹쳐져 나왔다"며 방송국을 상대로 소송을 제기했다. 다른 시청자들은 너무 순간적이어서 보지 못했고, 다만 맥휘터의 15살 난 조카가 그의 VTR에서 정지 버튼을 눌러 화면을 고정하고 "어, 저기 노리스 아저씨가 나와요"라고 소리쳤다는 것이다. 영국 법원은 사실관계가 범죄 구성이 되지 않는다고 소송을 기각하면서, 맥휘터의 얼굴이 화면에 나왔는지 사실 여부는 판정하지도 않았다.

극단적인 예를 들었지만, 대다수의 경우는 법을 통한 해결이 순기능을 가지고 있다. 그러나 상대적으로 변호사들이 많은 경제가 경제성장에 불리하다는 것은 쉽게 추측할 수 있다. 본질적으로 법이란 승자와 패자가 있는 영화零和게임, 즉 제로섬 게임(zero-sum game, 참가자의 이득과 손실의 총합이 제로가 되는 게임)이기 때문이다.

시카고 대학의 케빈 머피 교수 등이 실시한 연구에 따르면, 변호사들이 많은 경제가 엔지니어들이 많은 경제보다 경제성장률이 낮았다. 그렇다고 법이 없다 해서 경제성장이 더 잘되는 것은 아니다. 최소한 법은 인간에게 '필요악必要惡'이다. 인간이 예의범절과 사회규범을 지키고 종교가 필요하다면 법도 필요하기 때문이다.

법을 성문법成文法이나 판례법判例法만으로 보는 것은 너무 좁은 생각이다. 광의의 법이란 사람들의 행동을 규제하는 것으로 예의범절, 사회규범, 종교 등이 포함된다. 이러한 광의의 법의 역할이 증대될수록 사회에 더 유리할 뿐 아니라, 궁극적으로 인간이 추구하는 목표에 더 근접할 수 있을 것이다.

법 자체도 그 시행에 있어서 한계가 있다. 법 시행에 있어서 내재적 한계는 미 서부개척 시대 타운의 보안관을 생각하면 된다. 보안관의 임무는 의심이 가는 자들을 수사하여 증거를 수집하고, 범죄를 해결하는 것이 아니다. 그냥 시내 중심가를 당당히 걸어 다니다가 가끔 몇몇을 권총으로 위협하기만 하면 된다. 다시 말해 보안관은 종종 카우보이들한테 권총 시위를 한다. 그들이 범법행위를 했는지 여부는 그다지 중요하지 않고, 다만 지역사회 전반에 법과 질서가 존재한다는 사실을 상기시킬 필요가 있는 것이다. 이런 전통은 지금도 미국에서 '반독점 법' 시행에서 지켜지고 있는 것 같다.

영국 작가 조나단 스위프트가 쓴 《걸리버 여행기》에서는 아주 간교한 사기에 대하여 정직은 아무런 보호막도 갖고 있지 않으므로, 정직한 사람들을 보호하기 위하여 법이 필요하다고 말한다. 그러나 소인국에서는 어느 법이나 그 길이가 그들 알파벳에 있는 글자 숫자를 넘지 않는다. 법이 너무 상세하게 규정되면 간교한 자들은 미꾸라지처럼 그 법을 빠져 나갈 수 있기 때문이다.

서부영화

서부영화는 미국뿐 아니라 전 세계적으로 인기 있는 영화 장르의 하나로, 지금까지도 미국과 세계의 대중문화에 막대한 영향을 끼치고 있다. 또한 미국의 대표적인 소프트웨어 가운데 하나로, 카우보이가 즐겨 입는 웨스턴 복장뿐만 아니라 로데오 스포츠는 지금도 많은 사람들에게 사랑받고 있다.

그 뿐인가? 서부를 떠올리는 단어인 머스탱과 매버릭 등은 포드의 인기 있는 자동차 이름으로 다시 태어났고, 카우보이 모자를 비스듬히 쓴 채 담배를 입에 물고 있는 광고 속 '말보로 맨'은 말보로 담배를 전 세계에 알리는 데 큰 역할을 했다. 말을 타고 서부를 달리는 카우보이는 모든 남성들이 꿈꾸는 '말보로 맨' 그 자체였다.

미 서부 지역이 중심 무대인 '서부영화'는 19세기 후반 서부 개척 시기가 그 배경이다. 광활한 사막, 후련한 하늘, 그리고 웅장한 산과 산림이 서부영화의 무대이고, 빠르고 경쾌한 음악은 흥분을 자아내기에 충분하다. 이것이 서부영화가 인기를 끄는 이유이지만, 진정한 이유는 따로 있다. 다른 종류의 영화들도 그러한 배경들을 이용할 수 있기 때문이다.

미국 역사에서 서부 이주가 이루어진 것은 1860년대부터 1890년까지 30년에 불과하다. 1861년 샤이안 인디언들이 콜로라도 금 채굴자들과 전투를 시작한 이래 1890년까지, 대부분의 인디언들이 죽임을 당하거나 보호지역에서 살게 되었다.

많은 서부영화의 무대였던 캔사스 주 닷지시티 등 소위 카우타운cowtown으로 향한 텍사스 소몰이도 1866년에서 1885년까지 20년에 불과했다. 영화에서 카우보이들이 넓은 들판을 말 타고 달리면서 수백 마리의 소떼를 모는 장면을 기억하는가? 그 소떼의 종착지가 바로 카우보이의 도시, 닷지시티였다. 또 유명한 서부영화 〈오케이목장의 결투〉에서 오케이목장이 바로 닷지시티에 있었다.

반면 대서양에서 중서부로 이루어진 미 동부지역 이주 역사는 최소한 130년이 걸렸다. 그 과정에서 데이비 크로켓, 폴 버니언 등 많은 전설적인 영웅들이 탄생했다. 그런데 그들보다 서부개척 시대의 카우보이, 총잡이, 도박꾼들이 영화의 소재로 더 인기를 얻은 셈이다.

그러나 30년밖에 안 되는 서부개척 시대는 농부, 목동, 기마대, 광산가, 인디언 전사, 도박꾼, 총잡이, 철도 건설자들이 어우러져 각종 이해관계와 가치관이 충돌한 시대였다. 실제로 이들 간의 충돌은 거의 없었으나, 소설적 가상적 충돌의 소재로서는 흥미진진하다. 보안관과 악당의 한판 승부, 카우보이의 우정과 사랑 등 사람들이 빠져들 만한 다양한 소재의 보고寶庫라 할 수 있다.

당시 서부지역을 과장하여 말하면 다음 세 가지 특징이 있다. 첫째, 남에게 이름을 묻지 마라. 누구나 가명을 사용하기 때문이다. 둘째, 직업을 묻지 마라. 아무도 확실한 직업을 가지고 있지 않기 때문이다. 셋째, 남의 일에 옳다 그르다 간섭하지 마라. 잘못하면 언제 총에 맞아 죽을지 모르기 때문이다.

서부영화의 배역은 주인공과 악당 그리고 강자와 약자였다. 먼저 주인공과 악당은 강자이고, 약자는 질서와 법이 아직 확립되지 않은 서부 개척사회였다. 계층적으로는 이주해 온 농민들과 목장주의 대결이 있으며, 대부분의 부는 목장주에 편재되어 있었다. 즉 목장주가 강자이고 농민들이 약자였다.

서부영화는 주로 개인의 이상과 서부 개척사회의 이상 간의 충돌을 그렸다. 그 이면에는 미국 자본주의의 전개 과정을 보여 주려는 의도가 있었을 것이다. 개인적 목적을 무자비하게 행사하려는 악당이 힘없는 이주민 사회를 위협할 때, 어디선가 주인공이 멋지게 나타나 악당을 처치하고 사회를 구한다는 내용이 서부영화의 전형이었다. 이것의 가장 대표적인 영화가 1953년에 나온 〈셰인〉이다.

이때 개척사회의 이상은 이주민 가족과 이주사회의 안정을 위해 교회, 학교 설립 등 공동체 의식이었고, 목장주는 개인적 이익, 나아가 신 개척사회의 경제적 효율을 실현시키는 자본주의 이념을 구현하는 것이었다. 이러한 목장주들을 영화에서는 악당으로 묘사하기 위해 그들이 목적을 달성하기 위해 아주 비열한 수단을 사용하게 만들었다. 나중에는 서부영화에서 악당으로 나오는 계층이 목장주뿐만 아니라 타운의 상공인(예컨대 살롱 주인, 상점 주인, 광산주, 은행가 등)으로 확대되는데, 이 점도 서부 개척사회에 있어서 자본가 계층의 확산을 시사하는 것이다.

사회의 변화로 서부영화의 내용도 바뀌어야 했다. 이런 자본가 계층 주도의 이주사회가 이번에는 영화 주인공에게 불공정한 박해를 가하고, 이에 주인공이 시원하게 복수한다는 줄거리로.

서부 개척사회가 자본주의 이념에 뿌리를 내리자 이를 반영하여, 서부영화 주인공으로 전문 총잡이 형이 나타난다. 그 전형이 현상금을 노리고 은행강도단을 잡는 현상금 사냥꾼이다. 이렇게 되면 개인의 이념과 사회이념 간의 충돌과 같은 쟁점은 전혀 연관이 없게 된다. 전문 총잡이인 서부영화 주인공은 자본주의 사회의 한 특징인 전문가 계층이기 때문이다.

이렇게 서부영화는 19세기 후반 미 서부에서 전개된 경제적 제도 하에 일련의 전형을 제시한 면이 있다. 그러나 그 영향은 미국뿐 아니라 세계적으로 지대하다. 가장 명백한 예가 복장인데, 웨스턴 복장의 인기는 영구하며 남녀 의상의 유행에도 꾸준한 영향을 미치고 있다.

서부개척 시대에는 부츠, 청바지, 조끼, 카우보이 모자 등이 실용적 가치를 지니고 있었다. 하지만 지금 이런 것들이 인기 있는 이유는 서부영화가 창출한 19세기 후반의 미 서부 이미지와 적합하기 때문이다. 입고 다니기 좋다거나, 편하다거나, 예쁘다거나 하는 특별한 장점이 있다기보다 그저 하나의 패션 아이템으로 사랑받는 것이다. 강인한 개척자 정신과 남성미가 물씬 풍기는 카우보이 복장으로 이미지를 심었기 때문이다.

미 대륙의 이주사는 인류 최대의 인구 이동에 따른 원주민 핍박을 보여 주는 강자의 역사이다. 그 편린에 불과한 미 서부

개척 시대에 대하여 실상을 묘사하기보다는 허구를 훤전喧傳한 결과, 오늘날 서부영화는 오락 신화로서 미국의 소프트 문화의 확고한 위치를 차지하고 있다.

그 대가는 미 서부개척사, 나아가 미 대륙이주사 이면의 진정한 약자인 인디언들의 고통을 감추고, 그 인디언들이 역사의 흐름을 방해하는 악당 정도로만 치부되는 모순을 낳았다. 이처럼 역사는 누가 어떤 식으로 표현하고 전달하는가에 따라 전혀 엉뚱한 이미지가 만들어지기도 한다.

어쩌면 영화 한 편이 백 권의 책보다 역사를 알리는 힘이 있음을 깨닫는다. 서부영화 속 카우보이가 촌스럽기 짝이 없었다면, 보안관이나 총잡이가 야비하고 포악한 인물로 그려졌다면, 아니 인디언이 주인공이 되어 악당을 물리쳤다면, 우리가 지금 떠올리는 서부개척 시대가 다른 모습으로 기억되지 않았을까?

통계

오늘날 우리는 통계의 홍수 속에 살고 있다. 통계란 한마디로 자료를 수집해서 분류한 숫자이다. 자료를 수집하고 분류하는 목적은 한 주제를 조사, 연구하기 위해서다. 결국 통계란 연구자가 조사목적 내지 연구 목적에 합당하게 생산해 낸 자료다.

사람들 대부분은 자료를 직접 수집하는 통계의 생산자라기보다는 이미 발표된 통계를 접하게 된다. 즉 남들이 자신들 목적에 맞게 조사한 숫자들이 우리에게 던져지는 것인데, 이것은 일종의 남의 눈을 통해 세상을 보는 것이라고도 할 수 있다. 읽고 쓰는 능력처럼 통계적 사고가 필요한 시대가 다가오고 있지만, 통계의 소비자가 되는 일은 쉽지 않다.

"교수 중에는 장남이 많다"고 한다. 아마 장남들의 성격이 보수적이고, 교수라는 직업 또한 보수적이기 때문에 그런 것 같다. "직업군인도 장남이 많다"고 한다. 생각해 보면 어느 가정이나 장남이 먼저 자라 교수나 군인이 되기 때문에 당연한 말이다. 우스갯소리로, 길거리를 지나가는 콧수염 기른 사람 중에도 장남이 많을지도 모른다.

둘째나 셋째는 아직 어려서 수염을 기르지 못할 가능성이 높기 때문이다. 흔히들 교통사고는 집 근처에서 많이 생긴다고 한다. 집에 다 왔다고 방심해서 그럴 수도 있고, 잠에서 덜 깬 상태로 출근하다가 사고를 낼 수도 있다. 또 부주의를 경계하는 말일 수도 있다. 사실 차를 몰고 가장 많이 다니는 곳이 '집 근처'다. 그러니 교통사고 가능성이 가장 높은 곳도 당연히 '집 근처' 아니겠는가?

언론인이었던 링컨 스테펀스는 자서전에서 "뉴욕시의 범죄 파도를 자신들이 일으켰다"고 고백했다. 그에 따르면 뉴욕시에 범죄가 넘쳐나게 된 것은 자신과 경쟁 신문사에 다니는 기자 사이에 "매일 누가 더 많이 범죄를 기사화할 수 있느냐" 하는 경쟁이 붙었기 때문이라고 한다.

결과적으로 양대 신문에 범죄 보도가 늘어나자 갑자기 뉴욕시의 범죄가 크게 늘어난 것처럼 보였다. 경쟁의식에서 시작한 기사가 부지불식간에 뉴욕을 범죄의 도시로 만든 것이다. 마침내 당시 경찰위원회 의장이던 테오도어 루즈벨트가 중재에 나서 신문사 간 상호경쟁을 중지시켰다.

연일 경쟁적으로 보도하던 범죄기사가 사라지자 다시 뉴욕시에도 질서와 평화가 찾아온 듯 보였다. 통계의 소비자인 우리도 통계를 직접 생산하지는 않지만, 주어진 통계에 대한 선입견을 가지고 있다. 예전에 경찰력을 늘리면 범죄가 늘어나는 결과가 나와 당황했던 기억이 있다. 경찰관 수와 범죄 건수를 비교해 보니 경찰관 수를 늘리니 범죄 건수도 함께 늘어났던 것이다. 상식적으로 경찰관 수가 늘어나면 범죄는 줄어야 할 텐데, 도리어 늘어나서 의아했었다. 이 통계의 이면에는 경찰이 많아지니 범죄를 더욱 단속할 수 있어 상부에 보고되는 범죄 수가 늘어났다는 이야기가 숨어 있다.

이렇게 보면 주어진 통계에서 이야기를 만들어 내는 역할을 하는 것이 통계 소비자이다. 그러기 위해 통계 소비자는 선입견, 나아가서 가설 내지 이론이 필요하다. 경찰 수를 늘리면 범죄가 줄어들 것이라는 가설에 의해 보고된 통계는 "범죄가 늘어나니 경찰이 많아진다는 사실을 나타내는 것"이라는 이야기가 가능해진다.

예전 러시아 농부들은 환자가 있는 곳에 늘 의사가 있는 것을 보고는 의사가 병을 유발시킨다고 생각했다. 그래서 의사를 죽이면 병도 없어진다고 생각했다. 마찬가지로 경찰이나 기자가 없다면 범죄도 없어진다고 생각할 수 있는 현대판 오류이다.

몇 년 전 파이프 애연가들이 비흡연자보다 평균적으로 더 장수한다는 통계 발표가 있었다. 그러나 대다수 파이프 흡연이 노년에 시작되어 습관화 된다는 관점에서 보면, 파이프 흡연이 장수의 원인이 아니라 발표된 통계가 잘못된 정보를 제공하고 있음을 알 수 있다. 셜록 홈즈의 트레이드마크인 파이프 담배를 젊은 사람들이 즐겨 피우기 시작했다면 혹 모를까, 그래도 아직까지 파이프는 나이 든 사람들의 전유물이다.

서양 속담에 "황새가 갓난아이를 가져온다"는 말이 있다. 아이들은 어릴 때부터 이 말을 듣고 자란다. 이 얘기를 더 이상 믿지 않더라도 황새가 많으면 갓난아이도 많아진다는 것을 믿을 수는 있다. 황새가 많다는 것은 사람도 많다는 뜻이니, 갓난 아이 출산도 그만큼 많을 것이기 때문이다. 다만 황새와 갓난 아이 통계를 보고도 우리는 황새가 갓난아이를 가져온다는 이야기를 더 이상 믿지 않을 뿐이다.

제비가 오면 봄이 오지만 제비가 봄을 가져오는 것은 아니다. 그러나 복잡다기한 현실에서 제비들을 보고 있으면 현실을 식별하기가 쉽지 않다. 봄이 왔으니 제비가 온 것이라고 '생각' 하면서도 현실에서 제비에 대한 통계로 현혹되면 제비 때문에 봄이 온 것으로 '착각'한다.

이래서 누군가가 "이론 없이 통계를 보는 것은 정신적 건강에 해롭다"고까지 했다.

"숫자들이 세상을 지배한다고 말한다. 그럴지 모른다. 그러나 나는 숫자들은 단지 세상이 잘 다스려지나 잘못 다스려지나 우리에게 보여 주는 것이라 확신한다."

괴테의 이 말을 다시 한 번 곰곰이 되새겨 보자.

번역

　고등학교를 졸업한 해, 유명한 번역가로부터 영어를 배웠었다. 오래 전 기억이니 정확하지 않을 수 있겠지만, 그때 그분은 이렇게 표현했던 것 같다.

　　interesting - 재미있는
　　amusing - 흥미진진한
　　fascinating - 오금이 저려 오는
　　exciting - 깨가 쏟아지는

　번역가의 '마술'에 감탄했지만, 한편으로는 번역의 어려움을 느끼게 된 계기이기도 했다. '달디 달다' '달콤하다' '달짝지근하다'의 단맛은 어떻게 번역될까? 나아가 '불그레하다' '불그데데하다' '불그죽죽하다' '불그스름하다' '불그무레하다' '불긋불긋하다' '울긋불긋하다' 등등의 표현들이 과연 영어로 번역될 수 있을까?

　이 점에서는 한자와의 관계도 단순하지 않다. 한자어 적赤,

주朱, 홍紅, 단丹, 자紫 등에 대한 우리말은 모두 '붉다'이다. '푸르다' 역시 한자어 청靑, 벽碧, 남藍을 포괄한 표현이다. '번역자, 반역자'라는 이탈리아 격언이 있다고 하니 번역의 어려움을 알 만 하다.

대학교 3학년 때인 1973년으로 기억한다. 그해 노벨문학상은 호주의 패트릭 화이트에게 돌아갔는데, 그때 그의 작품 《숙모님 이야기》를 여럿이 함께 번역하는 일을 했었다. 각자에게 할당된 부분들을 번역한 다음 한 사람이 취합하여 교정하는 것이었다. 책 한 권을 다 읽지 않고 한 부분만 번역해야 했고 소설이 사건 중심이라기보다는, 소위 '의식의 흐름'을 묘사하는 경향을 띠고 있어서 번역이 무척 어려웠다.

당시에는 출판사들이 경쟁적으로 노벨상 수상작들을 번역해 출판하던 시절이어서 노벨상이 발표된 뒤 하루라도 빨리 펴내는 것이 관건이었다. 그래서 우리들도 며칠 동안 합숙을 하면서 번역을 했었다. 이렇게 되면 '번역자, 반역자'에서 '번역자들, 반역자들'이 되는 셈이다.

에스키모들은 우리와 같이 '눈'이라는 일반적인 용어가 없는 대신 '내리는 눈' '가루 눈' '질척이는 눈' '땅 위의 눈' '표류하는 눈' 등등 눈의 종류를 나타내는 여러 단어들을 사용한다고 한다. 그들의 일상생활에 있어서 눈의 중요성이 반영된 언어 습관이다. 동북부 인도의 한 종족도 '개미'라는 일반적인 용어는 없고, 개미의 종류를 나타내는 단어가 한 타(打: 12개)가 넘는다고 한다.

안식일에는 결코 손님을 받지 않는 여주인공이 나오는 1960

년 그리스 영화 〈일요일은 참으세요〉도 이스라엘에서는 〈토요일은 참으세요〉로 상연되었다 한다. 유대인의 안식일은 토요일이기 때문이다.

사랑의 이름도 여러 가지다. 그리스인에 따르면 헌신적 사랑인 '아가페agape', 성적 열정인 '에로스eros', 집착인 '마니아mania', 부부간 사랑인 '프라그마pragma', 유치한 열애를 의미하는 '루더스ludus', 그리고 동료애를 나타내는 '스토르지storge' 등으로 구분된다.

영어 단어 '행복'은 '해피니스happiness' '펠리시티felicity', 그리고 완전행복인 '브리스bliss'가 있다. "인간이 부의 개념으로부터 'felicity'의 개념을 구별할 때 지혜의 시작"이라는 에머슨의 말을 보면 'felicity'는 돈만이 행복이 아니라는 점을 함축하는 것 같다.

'만발한 배꽃'의 묘사로 유명한 여류작가 캐서린 맨스필드의 단편 《행복 Bliss》은 주인공 버어더 영이 그녀의 행복 정점에서 느끼는 묘한 불안감에 "아, 이제 무슨 일이 일어나려는 가?"라고 외치면서 끝난다.

그리고 진리를 만끽하는 의미가 있는 '비애티튜드beatitude'가 지복(至福: 더없는 행복)으로 나와 있고, 아리스토텔레스 이래로 번성을 함축하는 '에우다이모니아eudaimonia'가 철학에서 사용되고 있다.

아리스토텔레스는 "인간이 살아가는 궁극적 목적은 에우다이모니아(행복)"라고 말했었다. 이를 고려하여 번역해 보면, happiness-행복, felicity-축복祝福 내지 경복景福, bliss-만복萬福, beatitude-지복, eudai-monia-융성隆盛이다.

흔히들 번역은 여인과 같아야 한다고 한다. 번역이 충실하거나 아름다워야 하기 때문이다. 다른 언어로 바꾸는 작업인 번역이 동시에 충실하고 아름답기 어렵다는 말이다. 번역의 스타일이 그렇다면 피레네산맥이 진리를 정한다고 했던가? 피레네산맥 이쪽저쪽, 프랑스와 스페인 간의 입장이 서로 다름을 지적한 파스칼의 말이다.

그 입장을 반영하는 이론도 따라서 다르다. 이런 이론들이 과연 번역될 수 있을까? 단순히 문자상의 번역은 가능하겠지만, 과연 번역된 이론이 피레네산맥 저쪽에서도 타당성을 가질 수 있느냐가 문제다.

시간과 공간을 초월하여 적용되는 것이 일반이론이라면 경제학 등 사회과학은 '이론'이라기보다는 '가설'에 가깝다. 산업혁명의 결과 선진공업국이 된 영국에서는 "각 나라는 각기 장점을 살려 공업국 영국은 공산품 생산에 전력하고, 농업국 포르투갈은 농산물 재배에 특화하여 교역하는 것이 서로 유리하다"는 자유무역 이론이 탄생한다. 이 이론을 번역한 포르투갈의 입장에서 보면, 포르투갈은 영구히 농업국으로 남아 있으라는 메시지가 담긴 것으로 이해된다. 이에 독일에서는 "독일이 공업국이 될 때까지 영국제 공산품 수입을 제한하여야 한다"는 보호무역 이론이 생성된다.(당시 독일은 영국보다 포르투갈과 같은 입장이었다.)

20세기의 걸출한 철학자인 비트겐슈타인은 모든 철학적 문제는 언어의 문제라고 결론지은 적이 있다. 플라톤의 여러 대화록에는 64형태의 '커즈$_{cause}$'가 나오고, 아리스토텔레스의 저술에도 46형태가 나온다고 한다. 이 '커즈'를 한마디로 '원인'

이라고 번역할 수 있을까? 아무래도 무리일 것이다.

독일 철학자 아서 쇼펜하우어가 《순수이성비판》 등 칸트가 쓴 책들을 영어로 번역하자고 제의하자 영국 출판업자는 거절 했다고 한다.

쇼펜하우어의 영어 실력, 그의 문학적 탁월성, 무엇보다 칸 트에 대한 그의 심오한 이해를 생각했을 때, 매우 유감스러운 일이었다. 현대 철학사 입장에서 볼 때, 가장 적합한 최상의 자 발적 '반역자'를 놓친 통탄스러운 일일 것이다.

과유불급

한문 세대가 아닌 나는 그동안 '과유불급'이란 말을 "지나침은 미치지 않는 것보다 못하다"는 의미로 생각해 왔다. 지나친 것보다는 모자라더라도 겸손하라는 의미로 억측을 하고 있었던 것이다. 이 말은 《논어》〈선진〉편에 나온다.

두 제자 중에서 누가 더 어지냐는 물음에 공자는 "제자 사는 지나치고 제자 상은 미치지 못하나, 지나친 것은 미치지 못한 것과 같다(過猶不及)"라고 말했다. 여기에서 유래한 말이다.

지나친 것이나 미치지 못한 것이나 다 나쁘다는 의미로 같다는 말이다. '과유불급'의 '유(猶)'가 '같을 유'였다.

컬럼비아 대학에서 나온 영역판 《논어》에도 'as bad as'로 나와 있다. 얼마 전 신문에서 "청와대 참모들이 난상토론을 벌였으나 결론을 못 내렸다"는 기사를 봤다. 이때 '난상'을 어지러울 란(亂), 평상 상(床)으로 생각하고 '책상이 어지러워질 정도로' 얘기했으나 결론이 없었다… 운운하는 기사였다. 현 정부의 난맥상을 연상시키는 그럴 듯한 표현이다.

그러나 '난상'이라는 말은 난만할 란(爛), 장사 상(商)으로 '상인끼리 충분히 흥정하는 것'으로 잘 논의함을 의미한다. 따라서 난상토론을 벌였다면 충분히 토론을 하였으므로 '결론을 내렸다'가 순리에 맞다. 무질서하게 이야기만 하고 결정이 있을 수 없는 상황에 '난상'이라는 표현은 틀린 것이다.

소설 《삼국지》에 "죽은 제갈공명이 산 사마중달을 쫓았다"는 이야기가 나온다. 이를 어느 선생이 "죽은 제갈공명이 도망가면서 사마중달을 낳았다"로 해석했다. 이에 한 학생이 "어떻게 죽은 제갈공명이 사마중달을 낳습니까?"라고 물었다. 그러자 선생은 "그러니까 제갈공명이지"하고 태연히 대답했다. 과연 '멋있는' 선생이다.

그런 멋있는 선생 수준의 의문 하나. '설상가상雪上加霜'은 '눈 위에 서리 더하기'라는 뜻으로, 보통 '엎친 데 덮친다', 영어로 'to make matters worse'로 해석한다. 눈 위에 서리가 내렸으니 얼마나 미끄러울까, 하는 생각일 것이다.

그런데 서리는 늦가을에 내리고 눈은 겨울에 내리는 거 아닌가? 눈이 온 다음에 서리가 왔던가 하는 의문이 생긴다. 불교의 공안집公案集 내지 화두집을 보다 보니 '설상가상'을 '눈 위에 서리를 그려 본들', 즉 '쓸데없는 짓'으로 표현하고 있었다.

'Moral hazard'가 '도덕적 해이'로 번역되어, 1997사태 이후 한국에서 풍미되었다. 예컨대 공적자금을 투입하여 회생시킨 기업들이 그 운영 상태가 엉망이고, 그 임원들에게는 과도한 보수가 지급되는 등 '도덕적 해이'가 극심하다는 말이다.

원래 도덕적 해이는 보험이론에서 나왔다. 보험은 불, 바퀴 (자동차)와 함께 인류의 3대 발명 중의 하나로 볼 수 있는데, 대개는 한번 보험에 들고 나면 안심이 되어 상대적으로 부주의하게 되는 인지상정이 도덕적 해이이다. 예컨대 애지중지하던 값비싼 밍크 코트도 보험에 들고 나면 그 관리에 소홀할 수밖에 없다. 이젠 잃어버려도 보험회사가 물어 주기 때문이다. 이런 특성은 사람의 도덕성과는 관계없고 보험제도에 내재되어 있는 근본적인 문제이다. 그래도 이를 도덕적 해이 현상으로 본 경제학자들이 그렇게 명명했던 것이다.

고객 입장에서는 보험에 들고 나서는 '도덕적 해이' 현상을 보이는 것이 당연하다. 사실 그렇게 하려고 보험에 든 것이다. 보험에 든 후 나타나는 이러한 도덕적 해이 현상 말고도 보험에 들기 전에 구체적으로 어떻게 보험료를 책정해야 하는지, 소위 '역선택' 문제가 보험이론의 최대의 관심사이다.

이제 이런 '도덕적 해이'와 '역선택' 문제는 모든 금융기관에 적용된다. 은행의 경우도 융자 이전의 역선택 문제와 융자가 나간 후 융자 조건의 준수 여부인 도덕적 해이 문제가 따른다.

1970년대 미국 대도시 내의 화재 급증은 대도시의 건물 시가보다 화재가 일어났을 때 보험에서 지급하는 금액이 더 많았던 것과 관계가 있다.(1966년과 1970년 사이에 미국 전역의 화재손실액이 55% 증가했다.)

그러한 경제적 유인이 화재 예방과 대비를 게을리하도록 만들었기 때문이다. 이것이 도덕적 해이 현상이다. 물론 '고의성 방화'인 경우 불법이고, 이는 도덕의 문제가 아니라 법의 문제가 된다. 즉 한국에서 도덕적 해이 운운하는 일들은 도덕적 해이와는 관계없는 횡령 등 법의 문제인 것이다.

'양상군자梁上君子'라고 그럴 듯하게 표현해 봐야 도둑은 도둑일 뿐이다. 공적자금을 투입할 때부터 그 돈을 사적자금으로 쓸 수 있게 만든, 즉 도덕적 해이의 막강한 유인을 이미 제공해 놓은 것이 문제를 야기했다. '난상'처럼 우리가 의미를 잘못 알고 있는 말들이 많은 것처럼, 도덕적 해이는 '비도덕'이란 말을 의미하지는 않는다.

오늘날 우리가 이야기하는 도덕적 해이는 범죄다. 이런 식의 오도된 말들이 버젓이 쓰이는 것은 경제나 경영이론에 대한 식견을 갖추기보다는 경제나 경영을 구호화 시키는, 소위 전문가들의 책임이 크다. 식견은 고사하고 경제이론에 대한 정확한 이해도 하지 못한 채 전문가 연하고 있는 것이 현실이다. 수학이나 물리학 등과 달리 외견상으로는 그러한 전문가들의 서식이 가능한 곳이 경제학이나 경영학이지만.

공자

한때 나는 《논어》에는 '공자 왈'로 시작하는 고루한 이야기들만 있는 것으로 여겼었다. 공자의 사상이 담긴 짧은 글들의 모음집 정도로만 생각했던 것이다. 반면 소크라테스를 다룬 플라톤의 《대화편》은 여러 주제를 가지고 논리적으로 토론하다 보니, 자연 글이 길어졌다고 생각했다.

물론 형식상으로는 맞는 얘기다. 《대화편》은 플라톤에 의해 쓰인 일종의 소크라테스 주연의 중·장편소설들이다. 반면 《논어》는 공자 주연의 언행록으로 저자는 불확실하고, 여러 사람에 의해 긴 시간에 걸쳐 쓰였다. 소설이라기보다 선종의 화두나 공안과 비슷하다.

형식상의 차이를 빼면 《대화편》과 《논어》간에 내용상의 큰 차이가 있는 것 같지는 않다. 소크라테스는 정의, 지식, 용기 등 당시 아테네 시민들이 막연하게 안다고 생각하는 개념들을 소크라테스식 문답법을 사용해 "사실 그들이 그것들에 대해 별로 아는 게 없다"는 점을 깨우쳐 주고자 한 것이다. 소크라테스 자신이 어떤 구체적인 답을 제시하지는 않았지만, 질문을 통해 관련 개념들에 대해 사람들이 심사숙고하게 만들었다. 결국 소크라테스는 사람들에게 '따져 보지 않는 삶이란 사는 보람이 없는 것'이라는 점을 강조한 것이다.

《논어》에 나타나는 공자도 소위 '방편설법方便說法'으로 사람들을 깨우쳤다. 공자는 인仁이나 예禮에 대해 어떤 정답을 제시하지 않는다. 주어진 상황에 따라 그 주제의 의미를 상황적으로 설명하고 있을 뿐이다.

공자는 '인'을 '자신을 이기고 예를 갖추는 것'이라고 대답하지만, '사람을 사랑하는 것, 애인愛人'이라고 대답하기도 한다. 공손함과 공경뿐만 아니라 자기가 하기 싫은 일을 남에게 시키지 않는 것이 '인'이라고 대답하고, 심지어 실천이 어려우므로 말을 적게 하는 것이 '인'이라고 대답해 주기도 한다. 물어보는 제자들의 특성에 맞추어 공자는 나름대로 방향을 제시한 것이다.

입이 좀 가벼운(?) 제자 자로에게 공자는 이렇게 지적하고 있다.

"아는 것은 안다고 하고, 모르는 것은 모른다고 하는 것이 아는 것이다."

아테네 법정에서 스스로 변론을 펴는 소크라테스의 솔직한 이야기는 "다른 사람들은 자신들이 모른다는 사실을 모르고 있으나, 소크라테스는 자신이 모른다는 사실은 알고 있다"는 것이었다. 자신은 아무 것도 아는 게 없는 사람이라고 전제하고 법정에서 이야기하는 소크라테스는 아테네 시민들을 당당하게 훈계하고 있다.

나중에 플라톤이 그렇게 썼는지는 모르지만, 소크라테스는 이미 사형을 각오하고 있었다. 어쨌든 "나는 모르는데 너는 아느냐?"식의 소크라테스는 독약을 마시고 감옥에서 생을 마감한다. 그러나 이러한 소크라테스의 태도는 그 전에 메논에게서 심각한 도전을 받았다.

"당신이 아무 것도 모르는 사람이라면 내가 정답을 이야기해도 아무 소용이 없지 않느냐?" 하는 질문이다. 이에 소크라테스는 "정답을 알 수 있는 정도의 지식은 있지만 독단적으로 답할 수 있는 지식은 없다"는 식의 엉거주춤한 태도를 취한다. 자신의 역할은 자기 어머니의 직업과 같이 산파라면서.

이러한 소크라테스 문답을 '지켜보고'《대화편》으로 '기록하게' 된 플라톤은 "소크라테스가 추구한 정의 등의 완벽한 형태는 다른 세상에서만 존재하고, 이 세상에는 그 예들만 존재하는 게 아닌가" 하고 생각한다. 이것이 '서양 철학은 플라톤에 대한 각주'라는 플라톤의 이원론적인 철학이 생성된 계기가 아니었을까?

"소크라테스가 정의 등에 대한 정답을 알고 있었느냐?" 하는 것은 사실 그다지 중요한 문제가 아닐지도 모른다. 소크라테스가 알고 있어 제시했다 해도 고대 도시국가 아테네와 달리 지금의 시점에서 맞는다고 하기도 어려울 것이다. 아니, 어쩌면 정의되어질 수 없는 개념들일지도 모른다. 공자가 인이나 예에 대해 정답을 제시했어도 마찬가지다. 대신 소크라테스는 자신의 주장 대로, 결코 남을 가르치려는 게 아니라 사람들이 자신들의 눈을 통해 자기 생을 돌아보도록 도왔을 뿐이다. 이 점이 소크라테스나 공자가 지금까지 회자되는 이유일 것이다.

미국의 역사학자 대니얼 부어스틴의 지적 대로, 석가의 매력도 대답되어질 수 없는 문제들에 대하여 대응하기를 상식적으로 거부한 데 있다. 영생永生 여부에 대하여 대답하여 주지 않는다고 석가 곁을 떠나겠다는 제자에게 석가는 '독 묻은 화살을 맞은 환자' 비유를 들며, 누가 독화살을 쏘았느냐를 알기 전에 먼저 치료부터 해야 생명을 건질 수 있음을 강조한다. 또 석가의 임종시 "선생님은 영생할 줄 알았다"고 하면서 우는 어린 제자를 보고 석가는 껄껄 웃는다.

20세기 최고의 경제학자였던 존 케인즈는 이렇게 말한다.

"경제이론이 정책에 즉각 적용될 수 있는 해결된 결론들의 집합체를 제공하는 것은 아니다. 경제이론은 원칙이라기보다는 방법이고 심적 도구이다. 경제이론을 습득한다는 것은 정확한 결론을 도출하게 도와주는 사고의 방편을 갖추는 것이다."

이러한 경제이론에 대한 케인즈의 말도 "경제이론은 정해진 답을 제시하는 것이 아니라 답을 도출할 수 있는 도구에 불과하다"는 것이다. 그러기 위해서는 주어진 답은 의미가 없다. 소크라테스의 말을 변형해서 말하면 "어떠한 답도 스스로 생각해서 얻은 것이 아닌 한 아무런 가치가 없다"는 것을 시사한다.

논어

내가 즐겨 보는 책 목록에는 《논어》가 한 자리를 차지하고 있다. 특별한 이유 없이도 자주 손에 잡히는데, 그 까닭은 어디를 펴서 읽어도 되기 때문이다. 게다가 각 편이 대부분 한두 줄에 불과하고. 원래 내용이 그리 긴 책은 아니지만, '공자 왈'만 읽으면 되니 더욱 간편하다. 비록 번역이 옆에 없으면 한문을 제대로 읽을 수 없는 실력이지만, 《논어》를 읽다 보면 한문 실력을 연마하고 싶은 욕심도 생긴다.

그러다가 김용옥 교수의 《도올 논어》를 읽게 되었다. 그의 책을 통해 인간 공자를 소개받았다고나 할까. "내가 논어를 애독하는 이유는 공자가 평범한 인간으로 접근해 오기 때문이다"라는 선현先賢의 말을 이제 이해할 수 있을 것 같다.

어느 조그만 마을에도 자기 같은 평범한 사람은 있지만 새로움을 배우는 '호학好學'의 열정이 남다를 뿐이라고, 공자 스스로도 자신을 겸손하게 표현하고 있다. 제자들에게 "나는 감추는 게 없는 사람이다"라고 천명할 때 평범한 인간, 공자의 진솔한 모습이 잘 나타난다.

자신이 숨기는 것이 있다고 생각하는 제자들에게 공자는 말한다.

"도道는 말할 수 있는 것이 아니라 스스로 분발하여 깨우치는 것으로, 자신이 너희들과 더불어 행하지 않는 것이 없지 않느냐?"

《논어》의 "아침에 도를 들으면 저녁에 죽어도 좋다"라고 한 말도 그의 말년의 한탄일 것이다. 세상에 도가 이루어지지 않음을 한탄한 것이리라. 한편으로는 끊임없는 진리 추구로 점철된 공자의 삶이었지만, 아직도 도에 대한 미진함을 스스로 표현한 말일 것이다. 또한 "아직 나는 여인을 좋아하는 만큼 덕을 좋아하는 이를 보지 못했다"라고 말한 것도 남을 탓하기 이전에 사랑을 했던 공자 자신의 경험을 고백한 것일 것이다.

"시 삼 백을 한마디로 말하자면 사랑에는 간사함이 없구나."

이는 공자가 시를 일컬어 한 말이다. '시 삼 백'이라 하면 《시경》에 나오는 시 305편을 말하는데, 한마디로 그 시들은 간사한 마음을 갖고 있지 않다는 의미다. 그런데 공자가 말한 시가 사랑을 노래한 시였다면 '사무사思無邪'는 그냥 밋밋하게 '사념이 없다'가 아니라 '사랑에는 간사함이 없구나'라는 의미일 것이다. 사람이 가장 인간적일 때 나타나는 인간의 감수성이나 심미성을 무 자르듯이 하는 것이 아니라….

《논어》 후반부에 공자는 제자 자공에게 이렇게 물어본다.

"너는 내가 널리 배워서 잘 기억하는 사람이라고 보느냐?"

"아니십니까?"

"아니다. 나는 하나로써 모든 것을 꿰뚫고 있다."

후기에 증자는 이에 다음과 같이 덧붙여 《논어》 앞부분에도 갖다 놓는다.

"선생님의 도는 충성의 성심 하나뿐이다."

《논어》에서 공자가 가장 공자답지 않게 한칼에 난도질당한 것이다. 인간다움을 강조한 공자가 한두 가지 원칙의 교조주의자로 변곡된다.

하지만 이러한 폐해들이 어찌 공자에게만 국한된 것일까? 예수나 석가모니를 파는 자들에게도 나타난다. 반면 공자를 이용하려는 자들의, 예컨대 '3년상 운운'은 공자의 뜻을 왜곡한 것이다. 《논어》에 나오듯이 "3년 정도면 적당한 것 아니냐" 하는 것이었다. 그러기에 3년상을 햇곡식이 나오듯이 1년으로 끝내자는 제자 재아의 질문에 공자는 "네 마음이 편하다면 그렇게 해라"고 답한다. 1년이냐 3년이냐가 중요한 것이 아니라 부모에 대한 자연스러운 공경의 강조였던 것이다.

그러나 공자가 살아 있을 때부터 나오기 시작한 공자 집단의 상례喪禮 중시와 의례 강조에 대한 비판은 공자의 뜻이 어디에 있었든지 간에 후세에 부정적 영향을 끼치는 근거가 된다.

평범한 인간 공자는 "사람이 사랑하고 미워하는 것이 사람다운 것"이라고 말한다. 그러나 공자는 무지를 경계하고 새로움을 끊임없이 배웠다. 비록 어질다 해도 배우기를 좋아하지 않으면 어리석기 때문이다. 공자는 사람이 사람다움仁에 대해서 어떤 정답의 패러다임을 《논어》에서 제시하지는 않는다. 대신 새로움을 끊임없이 배우고 배운 것을 삶에 상황적으로 적용하여 깨우치는 인자형仁者型을 제시하고 있다.

공자는 그 주어진 상황에 따라 인, 효 등 그 주제의 의미를 발현시키고 있을 뿐이다. 같은 입장에서 공자는 끊임없이 물었고, 물어서 배웠다. 예의 대가로 인정되어 대조大廟의 제사관이 되었을 때도 제사의 매 단계마다 사람들에게 물었다.

주위에서 비난하자 "묻는 것 그 자체가 바로 예다"라고 일 갈한다. 예도 고착된 의례가 아니라 인간 삶을 반영하는 상황 적 질서라는 인자형 공자의 태도를 보여 주고 있다. 따라서 공 자의 사상을 굳이 한마디로 표현한다면 '인본주의人本主義'이다. 《논어》 후반에 나오는 "사람이 도를 넓히는 것이지 도가 사람 을 넓히지는 않는다(人能弘道 非道弘人)"라는 말은 이러한 공자 인본 주의의 정곡을 나타내는 것이다.

배움을 통해서 진리인 도를 안다고 해도 그 도가 사람을 지 배할 수는 없다. 도는 사람을 위해 존재하는 것이기 때문이다. 나아가 상황이 변하고 사람의 삶도 변함에 따라 도 역시 그에 적합하게 변화해야 한다. 부단히 배우고 나아가 이를 상황에 맞게 인간의 삶을 개선하려는 노력이 '배움을 넓히는 길(學而弘 道)'인 것이다.

이러한 공자의 태도는 바로 '혁신'이다. 새로움을 배워서 인 간의 생활을 개선하는 것이 그의 궁극적 목적이었다. 공자의 새로운 배움에 대한 열린 태도가 혁신 방안이었다. 내적으로는 '온고이지신(溫故而知新; 옛 것을 익혀 새것을 앎)'을 바탕으로, '세상이라는 책을 직접 읽어야' 인간 세상에 빛을 가져오고 인류를 앞으로 전진시킬 수 있다는 귀감을 공자 스스로 보여 준 것이다.

이를 따른 송나라 초의 명신名臣 조보趙普는 말한다.

"논어의 반을 가지고 제국을 세우고, 그 나머지 반을 가지고 나라를 지켜냈다."

호학

공자의 일생은 '학學' 자체다. 《논어》에도 '學'이 30번 이상 나온다. 공자의 사상을 나타낸다는 '인仁'이 50번 가까이 주제를 이루어 나오고 있고.

《논어》의 시작도 '학'이다. 공자 개인에게 있어서 '학'이란 '무지로부터의 탈출'이며 '미지의 새로움에 대한 끊임없는 동경'이었다. 배우지 않으면 그것은 "마치 담장과 마주 서서 멀리 바라보지 못하는 것과 같다"고 공자는 아들에게 비유하기도 한다.

'학'에 대한 공자의 태도는 일관되었다. 즉 배움의 궁극적 목표는 인간의 삶을 위한 것이었다. 배움이 인정을 관찰할 수 있게 해주니, 비록 어질다 해도 배우기를 좋아하지 않으면 어리석은 것이라고 했다. 나아가 공자에게 '학'이란 고착된 앎이 아니라 삶에 상황적으로 적용되는 깨우침이었다. 이에 공자는 "배우되 생각하지 않으면 마음에 얻어지는 것이 없고, 생각만 하고 배우지 않으면 위태롭다"라고 하면서 잘못된 배움을 경계하고 있다. 이는 "새로움을 배우지 않는 것은 위태하지만, 배우고 그에 따른 인간 삶이나 상황에 대한 생각이나 고려가 없는 것은 고지식하거나 당황스럽다"라는 뜻으로 재해석된다.

같은 맥락에서 "잘못하고도 고치지 않는 것이 바로 잘못이다"라고 《논어》에서도 몇 번씩 강조하고 있다. 《논어》의 첫머리에 나오는 '학이시습지 불역열호學而時習之 不亦說乎'를 "배우고 때때로 익히면 또한 기쁘지 아니한가?"로 보통 해석한다. 배우고 '예습' '복습'한다는 사고체계와 크게 다르지 않다.

김용옥 교수는 '때때로' 대신에 '때에 맞게'로 보고 있다. 배움에도 때가 있다고 본 것이다. 《논어》를 영역하여 컬럼비아 대학에서 출간한 브룩스(E. Bruce Brooks) 교수도 'To learn and in due time rehearse it'이라는 표현을 썼다. 그러나 이러한 해석은 공자의 생이 '학'이라는 점을 충분히 고려한 해석이 아니다. '학이시습지 불역열호'의 적절한 해석은 "배우고 이를 시의時宜에 맞게 실천하면 또 즐거운 일이 아니겠는가?"이다. 배우는 즐거움이 있고, 배운 것을 상황에 맞게 실천할 수 있으면 또 즐거운 일이 아니겠는가?

앞의 해석들과 달리 '시時'를 '시의에 맞게'로 본 것이다. '습習'이 '행行'이 아니니, 악기 연습과 같이 소극적으로 볼 수도 있다. 그러나 '시행'은 아니지만 '실천'으로 봐서 "실제로 해봤더니 맞아서 또 배우게 되니 역시 즐겁지 않은가?"라고 적극적으로 해석한 것이다.

그 다음에 나오는 '유붕 자원방래 불역낙호有朋 自遠方來 不亦樂乎'를 "나와 뜻을 같이하는 벗을 갖는 것도 즐거운 일이지만, 멀리서 그가 찾아오니 또한 즐겁지 않겠는가?"로 보는 것도 같은 맥락이다.

먼저 기존의 해석은 처음부터 나오는 이 '역亦'이 부자연스럽다. 맨 처음부터 '또한'이 나오니 말이다. 이에 브룩스 교수는 원래는 'also(또한)'지만 감탄사로 봐서 'indeed(정말)'로 해석한다. 다른 번역자는 공자가 벼슬길에 오르지 못한 점에 비유해서 'after all(결국)'로 해석하기도 한다. 벼슬을 한 생애보다는 '학'으로 보낸 생이 결국 즐겁지 않느냐로 보는 것이다.

마지막에 나오는 "남들이 알아주지 않아도 원망하지 않으니 또 군자가 아니겠느냐(人不知而不온 不亦君子乎)?"를 신경 쓴 해석이지만, 마지막 줄에서도 원래 군자가 됨을 추구했었다. 그렇다면 "역시 군자가 아니겠는가?"라고 해석해도 되지 않을까?

여기서 '역亦'의 존재는 그 뜻의 의미를 확실히 해 준다. 이처럼 앞에 나오는 '역亦'이 '또한', '역시' 등으로 쓰여 그 뜻이 한결 자연스러워지고 '더욱'을 함축할 수 있게 되었다. 배우는 것은 새로운 것을 아는 것이니 즐겁고, 그 배운 것이 인간의 삶에도 적합하니 또 (더욱) 즐겁지 아니한가?

만약 배운 것이 적합하지 않으면 인간의 삶이 우선이니 고집하면 안 된다. 바로 고치면 그만이다. 《논어》의 첫 장에도 나오듯이, 공자는 '학'을 고착된 것으로 보지 않았으니(學則不固), 틀렸으면 꺼리지 않고 고쳤다(過則勿憚改). 그것 또한 배움이다.

배움은 거기서 끝나지 않는다. 아는 것을 좋아하고 나아가서 몸소 실천하고 즐겨야 한다. 그러기에 "아는 것은 좋아하는 것만 못하고, 좋아하는 것은 즐기는 것만 못하다." 따라서 아는 자는 실천하며 움직이는 것이며, 물을 좋아하는 것과 같다(知者樂水). 반면 '사람이 사람다운' 어진 자는 그 그윽함이 물이 생성되고 흐르는 산과 같다(仁者樂山).

공자의 사랑

이어령의 〈공자와 만원버스〉라는 수필이 있다. 예의 대가인 공자도 만원버스 안에서는 남의 발을 밟을 것이라는 풍자였다.

너무 오래 전에 읽어서 그 수필이 당시 일상화되어 있던 만원버스를 비꼰 것인지, 예를 부르짖는 공자도 별 수 없는 인간이라는 것을 비꼰 것인지, 기억이 불확실하다.

공자가 평범한 인간이라는 사실은 《논어》속에서도 잘 나타난다. 특히 사랑에 관련된 공자의 태도에서 공자의 인간됨을 잘 엿볼 수 있다.

모임에서 한 미인이 늦게 들어선다고 해보자. 모두들 고개를 돌려 그녀를 바라볼 것이다. 이 자체는 잘못이 아니다. 주목을 끌었기 때문이다. 다만 그 다음이 문제다.

성현 한 분은 이렇게 말한다.

"네가 다른 마음을 품는 것은 죄이니라."

또 다른 한 분은 이렇게 말한다.

"저 여인도 죽으면 한 줌의 재이니라."

공자는 이렇게 말하리라.

"나는 여자를 좋아하듯이 공부를 좋아하는 사람을 못 봤다."

그러나 공자는 아마 이런 생각을 했는지 모른다.

"사랑을 해본 자가 사람을 좋아할 수 있고 미워할 수도 있다."

고위직 성직자 한 사람이 이런 고충을 토로한 적이 있다고 한다.

"시선을 끄는 미인이 들어오면 사람들은 그 미인을 보는 것이 아니라 자기를 바라본다. 자기가 그 미인을 바라보는지 보지 않는지 궁금해서"라고. 그리고 한 심리학자는 이렇게 피력한다.

"나는 미인이 들어오면 그 미인을 보는 것이 아니라 사람들을 본다. 사람들이 미인에 대하여 어떻게 반응하는지 관찰하기 위하여."

공자는 말과 달리 여자보다 공부를 더 좋아하는 심리학자이다.

당시 제후 위공의 부인이었던 남자南子라는 여인과 50대 중반에 사랑에 빠졌던 공자. 그 여인은 색色을 밝히는 것으로 소문이 자자했었다. 그러기에 우직한 제자 자로는 공자를 걱정했다.

子見南子, 子路不說. 자견남자 자로불설
공자가 남자를 만나자 자로가 좋아하지 않았다.

- 《논어》〈옹야〉편

공자는 《논어》에서 "여인을 좋아하는 만큼 덕을 좋아하는 사람을 보지 못했다"는 말을 두 번씩이나 하였다. 아마도 공자 자신의 사랑을 그런 식으로 고백했을지도 모른다. 자신을 감추지 않았던 공자는, 나아가서 "군자의 과오는 감출 수 있는 것이 아니라 누구나 다 보는 일식이나 월식 같은 것"이라고 논하는 자공 같은 제자를 길러 냈다.

제자 가운데 가장 현실적이었던 자공은 누구보다도 공자 가르침을 현실에 접목시키는 데 탁월한 능력을 발휘했다. 이에 자공은 "그러나 군자가 자기 잘못을 고치면 누구나 다 우러러 본다"고 강조한다. 자기를 옆에서 보면서 따른 이러한 제자를 길러낸 공자가 평범한 인간으로 우리에게 접근해 오는 이유이다.

사랑을 노래한 시 300여 편을 편집하면서 "사랑은 사악함이 없구나!"라고 감탄했다는 공자. 무엇보다 인간이 우선이었던 공자의 진솔한 사랑관이다. 이러한 진정한 인간다움을 이해하지 못하는 학문은 아무리 높아도 무슨 소용이 있겠는가? 공자는 이렇게 말한다.

"시 300편을 외우고 있더라도 도달하지 못하고 알맞게 활용하지 못하면, 아무리 많이 외운들 무슨 소용이 있겠는가?"

그러기에 공자는 "사람이 사랑하고 미워하는 것이 어짊, 사람다움"이라고 말한다.

子曰, 惟仁者, 能好人, 能惡人. 자왈 유인자 능호인 능오인
공자가 말하기를, 오직 어진 자만이 사람을 좋아할 수 있고, 사람을 미워할 수 있다.

- 《논어》 〈이인〉 편

한편 《주역周易》에는 공자의 이런 말이 전해진다.

二人同心 其利斷金, 同心之言 其臭如蘭. 이인동심 기리단금 동심지언
기취여란

두 사람이 같은 마음일 때 그 날카로움은 쇠를 자르고, 같은 마음으로 말을 하면 그 향기는 난과 같다.

짧지만 강렬한 2,500년 전 공자의 사랑 이야기이다.

철학자라기보다 오히려 신학자에 가까웠던 키에르케고르에 따르면, 사람은 자기가 '사랑한 것'에 알맞을 만큼 위대한 것이다. 자기 자신을 사랑한 자는 자기 자신에 의해 위대한 것이며, 남을 사랑한 자는 그 남을 통해서 위대한 것이다. 그러나 신을 사랑한 자는 어느 누구보다 더 위대했던 것이다.

이러한 키에르케고르의 유추를 통해 볼 때, 누구보다도 인간을 사랑했던 공자는 평범한 인간을 통해서 더욱 위대해졌다고 생각해 볼 수 있다.

5

경영 도처에 정보비대칭이 도사리고 있다

정보는 '평평하지' 않다

기업은 고객에 비해 정보 상 우위를 점하고 있다. 즉 공급하는 상품이나 서비스에 대해 고객보다 더 많이 알고 있다. 반면 고객은 그 상품이나 서비스가 왜 자신에게 필요한지를 결정하는 정보를 가지고 있다. 이런 기업과 고객 간의 정보비대칭 해소가 기업 경영의 핵심 과제이다.

디오게네스의 행복

행복의 사전적 의미는 '생활에서 충분한 만족과 기쁨을 느끼는 흐뭇한 상태'이다. 사람들은 행복을 찾는 데 많은 시간을 소비하면서 스스로 행복해지기를 간절히 원한다. 이 행복을 욕망 중에서 물질적 소비로 만족되는 비율로 본다면, 물질적 소비를 욕망으로 나눈 '행복 공식'이 가능해진다.

$$\text{행복} = \frac{\text{물질적 소비}}{\text{욕망}}$$

이 공식에 따르면 행복을 증진시키는 길에는 두 가지가 있다. 첫 번째는 물질적 소비를 늘리면 행복이 증가되고, 두 번째는 행복 공식에서 분모인 욕망을 줄이면 행복이 증가된다. 첫 번째 방법이 우리 같은 세속인이 추구하는 행복의 길이고, 욕망을 통제하는 두 번째 방법이 신부, 수도승 등 정신적 지도자들이 택한 길이다.

물질적 소비는 소득이나 부가 있어야 가능하므로, 이에 경제학은 소득이나 부가 늘어나면 행복이 증가된다고 가정한다.

돈이 있는 경우가 없는 경우보다 더 행복하다고 보는 것이지, 돈으로 행복을 살 수 있다고 가정하는 것은 아니다. 돈이 있으면 없을 때에 비해 선택할 수 있는 폭이 넓어진다는 의미에서의 '행복'이다. 마치 음식 재료를 더 많이 가진 요리사처럼.

19세기 초 영국의 여류작가 제인 오스틴은 "큰 소득은 내가 들어 본 것 중에서 최상의 요리법이다"라고 말했다. 이 말은 돈이 있어야 같은 재료라도 더 좋은 것을 살 수 있다는 뜻이리라.

인간의 욕망을 충족시키는 수단에는 물질적 소비뿐만 아니라 정신적 만족이 있다. 이에 경제학은 물질적 소비가 정신적 만족을 가져와 행복을 증진시킨다고 보는 것이다. 그러나 경제학은 물질적 소비가 정신적 만족을 가져오지 않는 것에 대해서는 별로 할 말이 없다. 마치 재료가 더 풍부하다고 꼭 더 맛있는 요리를 만드는 것은 아니 듯이.

선택의 폭이 넓어졌다고 꼭 더 나은, 혹은 더 행복한 선택을 하는 것은 아니다. 제인 오스틴의 작품 《감각과 감성》에서 지적한 '돈이 단지 행복을 줄 수 있는 것은 다른 모든 것이 행복을 줄 수 없을 때'가 맞는 말이라면, '다른 모든 것'을 묘사하는 것은 경제학보다는 문학작품이 비교우위를 갖고 있다.

조선 중기의 문신, 송순宋純의 시조는 자연과의 동화를 통해 이루는 자족自足의 상태를 나타내고 있다.

십 년을 경영經營하여 초가삼간草家三間 지어내니
나 한 칸 달 한 칸에 청풍淸風 한 칸 맡겨 두고
강산江山은 들일 데 없으니 둘러 두고 보리라.

우리가 추구하는 물질적 소비 증가를 통한 행복의 길은 우리의 욕망이 안정적일 때 가능하다. 행복 공식에서도 분모인 욕망이 불변일 때 분자인 물질적 소비 증가가 행복 증가를 의미한다. 그러나 우리의 욕망이 얼마나 변덕스럽고 끝이 없는지, "물에 빠진 놈 구해주니 보따리 내놓으라 한다" "아흔 아홉 섬 가진 사람이 백 섬 채우려 한다"는 속담에서 잘 알 수 있다.

사실 우리의 욕망은 '무한대無限大'라고 가정해도 별 무리가 없다. 욕망이 무한대라면 물질적 소비를 통해 이룰 수 있는 행복은 요원해질 것이다. 행복 공식에서도 분모인 욕망이 무한대라면 행복이 0, 즉 없다는 의미이다.

고대 그리스의 철학자 디오게네스는 바로 이런 점을 갈파했다. 디오게네스는 "사람들이 시기하고 욕하고 속이는 한 인간의 욕망은 무절제하여, 재물로 충족시킬 수 있는 범위가 매우 좁다"는 것을 보여 주었다.

입고 있는 낡은 망토와 나무통 이외에는 아무 것도 필요 없었던 자신의 행위는 행복에 이를 수 있는 극단적인 방법이지만, 사람들이 정당치 못한 욕망에 사로잡혀 있는 한 행복에는 이를 수 없다는 점을 디오게네스는 알리고 싶었을 것이다.

플루타르크가 지은 《플루타르크 영웅전》에 나오는 알렉산더 대왕의 디오게네스 방문 일화는 행복의 길 양 극단을 달리는 두 사람의 조우遭遇였다. 모든 그리스인들이 경의를 표하려 자기를 찾아옴에도 불구하고 디오게네스가 오지 않자 알렉산더는 수행원들을 거느리고 직접 그를 찾아간다. 한적한 교외에서 햇빛 아래 혼자 누워 있던 디오게네스는 알렉산더 일행을 보고는 약간 몸을 일으켜 그를 바라보았다. 알렉산더가 친히 그에게 "원하는 것이 있느냐"고 물어보자, 디오게네스는 "지금 당신이 막고 서 있는 햇빛"이라고 답한다. 이 대답에 충격을 받은 알렉산더는 그곳을 떠나면서 디오게네스를 비웃는 자신의 수행원들에게 조용히 말한다.

"만약 내가 알렉산더가 아니었다면 디오게네스가 되었을 것이다."

박희진 시인의 '디오게네스의 노래'라는 시가 있다.

> 오늘은 왜 이리 기분이 좋은가.
> 이 햇빛과 바람에 설레이는 푸른 그늘과
> 나무통만 있으면
> 나는 행복한 디오게네스
> 어제는 대낮에 등불을 켜들고
> 내가 거리를 헤매었더니
> 놈들은 내가 미친 줄로 알았것다.
> 바보 같은 것들이
> 내가 인간에 주린 줄은 모르고
> 정말 이렇게 푸른 하늘 아래
> 사는 무리들이
> 왜 모두 그렇게 욕심이 많을까.
> 서로 시기하고 욕하고 속이고
> 그런 거 생각험 구역이 나더라.
> 언젠가 한 번은 알렉산더를
> 골려준 일이 있지.
> 그래도 그는 좀 다른 데가 있었어.

오늘은 왜 이리 기분이 좋은가.

절로 스르르 눈이 감기네.

이 햇빛과

바람에 설레이는 푸른 그늘과

나무통만 있으면

나는 행복한 디오게네스

기업의 존재 이유는 고객에게 행복을 창출하는 것이다. 구체적으로 고객에게 가치를 창출하는 것인데, 여기서 말하는 가치를 간단히 다음과 같이 생각할 수 있다.

$$\text{가치} = \frac{\text{고객의 (제품이나 서비스에 대한) 기대}}{\text{(제품이나 서비스) 가격}}$$

이렇게 정의된 가치는 1이 균형치이다. 기업이 고객에게 제공하는 제품이나 서비스의 대가인 그 가격이 고객의 기대에 부응하여야 하기 때문이다. 이에 기업은 제품이나 서비스 가격을 낮추는 비용 선도우위(cost leadership) 정책과 제품이나 서비스에 대한 고객 기대를 제고시키는 정책, 이 두 가지 가치 창출 방안을 가지고 있다.

비용 선도우위 정책은 주어진 고객 기대를 더 효율적으로 충족시키는 것이다. 월 마트나 우리의 이마트가 그 예이며, 우리도 지금 소위 저가 항공사들을 보고 있는데 미국의 사우스웨스트 항공사는 믿을 만한 서비스를 효율적으로 제공하는 저가 항공사로 유명하다.

두 번째 제품에 대한 고객의 기대증진 정책은 제품이나 서비스 차별화이다. 이에 늘어나는 고객의 기대만큼 기업의 제품이나 서비스 대가도 올라갈 수 있게 만드는 것이다. 반면 경기 후퇴시에는 제품이나 서비스 가격에 압력이 가하여지므로 기업들이 고객들의 기대치를 낮추는 전략을 구사하기도 한다. 항공사들이 승객 1인당 허용하는 짐 숫자가 현재는 2개씩인데, 1개 이상이면 추가요금을 징수한다는 발표가 그 예이다.

세일

신문을 비롯한 뉴스 미디어를 통해 흔히 접할 수 있는 것 중 하나가 '세일' 광고다. 연말연시는 물론이고 연중무휴로 쏟아지는 세일 광고의 홍수 속에서 사는 느낌이 들 정도다.

세일은 왜 하는 것일까? 우문愚問을 던져 놓고 현답賢答을 기대해 보지만, 대답은 그리 간단하지가 않다. 물론 세일은 매출을 늘리기 위해 한다. 이런 대답은 세일을 하면 매출이 평소보다 늘어나므로 마치 "넘어지면 자빠지고 날 궂으면 비 온다"는 식의 설명밖에 되지 않는다.

반면 이윤을 늘리기 위하여 세일을 한다고 해보자. 기업은 이윤 극대화를 목표로 한다는 점에서 틀리지 않다. 하지만 기업의 모든 활동이 이윤 극대화를 위해 이루어지는 것이므로 "공기 중에 산소가 있어서 불이 났다"는 수준의 설명밖에 되지 않는다.

가장 쉽게 떠올릴 수 있는 세일의 이유는 아마도 '재고정리'가 아닐까? 팔다 남은 상품을 저렴한 가격에 처분하는 것으로, 주변에서 흔히 볼 수 있는 광경이다. 예를 들어 계절이 지난 상품을 다음 해까지 가지고 있는 것보다 싼값에 처분하는 것이 오히려 자금 회수, 보관비 절감 등 여러 면에서 유리하기 때문이다. 유행이 바뀌거나 철 지난 상품의 세일, 새 모델이 출시되기 직전의 자동차 세일, 비즈니스 청산세일 등이 모두 재고처리 세일이다.

이와 같이 세일을 재고처리로 파악하는 바탕에는 고객의 수요에 대한 예측이 잘못되어 재고가 남게 되었다는 가정이 전제되어 있다. 뒤집어 말하면 수요에 대한 예측을 정확히 할 수 있다면 세일은 필요 없다. '재고는 정보부족 때문에 기업이 지불하는 대가'라는 말도 같은 맥락이다. 미래의 수요를 정확히 예측해 내기란 사실상 어렵다. 하여 재고를 처리하는 세일은 앞으로도 계속될 것이다. 하지만 재고 물량을 줄일 수는 있을 것이다. 이제는 근거 자료를 바탕으로 어느 정도 신뢰성 있는 수요 예측이 가능하기 때문이다.

또한 EOQ(economic order quantity; 경제적 주문량), JIT(just-in-time; 적시 생산시스템) 등 재고관리 기법에서도 많은 진전이 생겼다. 따라서 세일을 단순히 재고 처분으로만 파악하는 것은 무리가 있다. 이는 고도의 경영기법에 의존하는 대형 백화점들이 1년 내내 정기적으로 세일을 하는 것에서도 입증된다.

세일에 관한 두 번째 견해는 일종의 '포로시장(captive market)' 가설이다. 즉 관심품목을 세일해 고객을 유치하려는 전략이다. 세일에 이끌려 매장을 찾은 고객이 세일을 하지 않는 다른 상품도 구매할 수 있다는 것이다. 예컨대 맥도널드에서 커피를 싸게 파는 것처럼….

마케팅 종사자들이 흔히 생각하는 세일 개념이다. 그러나 고객들은 자신의 관심품목을 세일 가격에 샀다고 해서 다른 상품도 산다는 식의 단순한 구매 패턴을 보이지는 않는다.

세일에 대한 가장 정확한 접근은 세일을 경영 결정의 일종으로 파악하는 것이다. 구체적으로 보면 판매전략으로서의 세일은 고객 간 가격차별화 정책이다. 간단한 예로 4벌의 수영복을 가진 판매자의 수영복 판매전략을 생각해 보자.

먼저 판매자의 자료에 따르면 수영복 1벌 가격이 2만 원이면 4벌 중 1벌만 팔리고, 1만 5천 원이면 2벌, 만 원이면 3벌, 5천 원이면 4벌이 다 팔린다고 한다. 즉 이 수영복 판매자의 첫 번째 고객은 2만 원에, 두 번째 고객은 1만 5천 원에, 세 번째 고객은 만 원에, 그리고 네 번째 고객은 5천 원에 1벌을 사려고 한다.

이 경우 판매자가 처음부터 수영복 1벌에 5천 원 가격을 매겼다면 4벌을 다 팔았을 때의 총수입이 2만 원이다. 이런 단일 가격 정책은 판매자의 입장에서 소유한 수영복을 신속하게 팔 수 있는 장점이 있다. 반면 2만 원까지 생각했던 판매자의 첫 번째 고객은 5천 원에 수영복을 살 수 있어서 1만 5,천 원의 이익을 봤다.

이와 같이 소비자가 지불하려고 생각했던 가격과 실제로 구매하는 가격의 차이를 '소비자 잉여'라 한다. 판매자의 두 번째 고객은 1만 5천 원 대신에 5천 원만 내고 수영복을 살 수 있기 때문에 소비자 잉여는 만 원이다. 그리고 판매자의 세 번째 고객은 만 원 대신 5천 원을 내게 되므로 소비자 잉여는 5천 원이다.

이러한 고객들의 소비자 잉여를 이용할 수 있는 판매정책

중 하나가 바로 '세일'이다. 수영복의 처음 가격을 만 원으로 정해 우선 3벌을 팔고, 그 뒤 50% 세일을 실시해 5천 원으로 값을 내려서 나머지 1벌을 마저 파는 것이다. 이런 50% 세일의 결과 판매자는 3만 5,천 원의 총수입이 생긴다. 이는 일률적으로 수영복 1벌에 5천 원을 받았을 경우보다 수입이 무려 1만 5천 원이나 더 늘어난다.

소비자 잉여를 더욱 철저히 이용할 수 있는 세일은 '다단계 세일'이다. 먼저 수영복 가격을 2만 원으로 정해 1벌을 팔고, 그 다음 1만 5천 원(25% 세일)에 다시 1벌을 팔고, 그 다음 만 원(33% 세일)에 또 1벌의 수영복을 팔고, 그 다음 5천 원(50% 세일)에 마지막 수영복 1벌을 파는 것이다. 이런 다단계 세일을 한 결과 수영복 판매자의 총수입은 5만 원으로 극대화 된다.

여기서 우리는 의문이 생긴다. 왜 같은 수영복을 어떤 고객은 2만 원에도 구입하고, 또 다른 고객은 5천 원만 내려고 하는지 말이다. '사랑'과 같은 사람의 기호처럼 설명할 수 없을지 모른다. 취향은 제각각이기 때문이다. 그래도 수영복 가격에 따라 소비자 수요가 어떻게 변하는지를 알아보는 등의 자료수집은 판매자가 해야 한다. 나아가서 자기 제품이나 서비스를 사기 위해 5천 원이 아니라 2만 원도 내려고 하는 '프리미엄' 고객을 확보하는 것이 비즈니스 조직의 지상 과제인 것이다.

세일정책은 단기적으로는 소비자 수요에 따른 가격차별화 정책이지만, 장기적으로는 세일정책을 통해서 고객 수요를 측정하는 자료 개발의 수단이다. 자료가 없는 경우 판매자가 수영복 가격을 2만 원으로 책정하면 1벌을 팔고, 또 만 원으로 정한 경우에는 3벌을 파는 설적을 올릴 것이다.

이렇게 고객들의 '수요탄력성'을 측정해서 앞으로의 세일정책을 정할 수 있다. 소비자 수요에 대한 자료의 신뢰성이 높을수록 더욱 적절한 세일정책을 수립할 수 있을 것이다.

흔히 볼 수 있는 '쿠폰' 발행도 세일과 연관 지을 수 있다. 앞의 예에서 수영복 가격을 만 원으로 정할 경우 판매자의 네 번째 고객, 즉 수영복을 5천 원에 구매하고자 하는 소비자는 당장 수영복을 구입할 수 없고 50% 세일 때까지 기다려야 한다. 이 경우 판매자가 수영복 가격을 만 원으로 정함과 동시에 네 번째 고객에게 50% 할인쿠폰을 발행하면 기다리지 않고도 세일가격에 미리 수영복을 살 수 있게 된다.

그런데 현실적으로는 누가 네 번째 고객이 될지는 알 수 없다. 그래서 신문이나 잡지, 전단지 등을 통해 쿠폰을 발행하는 것이다. 신문광고를 주목하고 있다가 쿠폰을 잘라내는 불편은 수영복 가격에 민감한 고객일수록 감수할 가능성이 높다. 그리고 이 고객이 '판매자의 네 번째 고객'이 되어 할인된, 즉 세일가격에 수영복을 구입한다. 금액의 일부를 환불해 주는 '리베이트rebate'도 쿠폰과 비슷하다. 먼저 제품 구입을 증명하는 어떤 부분을 상자에서 오리고, 구입영수증 같은 증빙자료를 서식에 맞게 준비해 우편으로 보낸다. 이런 번거로움을 감수해도 상당 기간 뒤에야 리베이트 금액이 우송되어 온다. 이 기간은 미리 정해진 제품의 다단계 세일기간과 일치하는 것으로 보아야 한다. 컴퓨터 등 신제품이 할인쿠폰이 아니라 리베이트 제도를 선호하는 이유도 여기에 있다고 보아야 한다.

세일의 일반적 모형은 고객을 간단히 두 종류로 나누어서 고찰할 수 있다. 제품 가격에 민감한 고객들과 그렇지 않은 일반적 고객들이다. 첫 번째 유형의 고객들이 세일에 민감하게 반응할 것이다. 반면 두 번째 유형의 일반적 고객들은 가격에 민감하지 않다 보니 임의적이나 편의성으로 제품구매를 할 것이다. 이에 판매자가 세일을 하지 않을 경우에는 첫 번째 유형의 고객, 즉 가격에 민감한 고객들은 오지 않고 두 번째 일반적 고객들이 들려주는 운에 그 매출이 달려 있다.

반면 세일을 하게 되면 운 좋게 찾아 온 일반적 고객들의 매출에다가 가격에 민감한 고객들도 방문하여 매출이 그만큼 늘어난다. 따라서 세일이 매출을 늘리는 방안인데, 다만 다른 판매자들은 세일을 하지 않아야 한다는 전제가 있다. 그러나 현실적으로 판매자들끼리 경쟁이 존재하므로 어떤 품목을 세일 품목으로 정하여야 하는 것이 세일에 있어서의 전략적 결정 요소가 된다.

이윤 극대화

'이윤 극대화 가정'처럼 경제학과 얄궂은 운명을 맺고 있는 개념도 드물다. 일반인들이 경제학에 대해 냉혹한 인상을 받는 것도 이런 가정 때문일 것이다.

그럼에도 불구하고 경제 분야에서는 그 가정의 편리성 때문에 광범위하게 사용되고 있다. 그러다 보니 종종 전문가들도 그 가정의 의의를 오해하는 경우가 많다.

기업은 이윤을 목표로 한다. 생존에 필요하기 때문이다. 기업의 현실적 목표는 이윤을 내는 것. 그것도 가능한 한 '빨리' 그리고 가능한 한 '많이'…. 기업의 입장에서 더 많은 이윤을 추구하는 것은 당연하다. 그리고 모든 정보를 알 수 있다면 이윤이 극대화되는 방안을 채택할 것이다.

하지만 우리는 모든 정보를 다 알 수는 없다. 이런 불확실한 상황에서 기업은 주어진 정보를 최대한 활용하여 보다 많은 이윤을 추구하려고 애쓰는 조직이다.

편의상 시카고에서 로스앤젤레스로 갈 수 있는 자동차도로가 5개 있다고 하자. 주행거리가 똑같다면 운전자들은 임의적으로 그 중 하나를 골라 여행할 것이다. 그런데 그 5개 도로 중에서 하나만 도중에 주유소가 있고, 나머지 4개 도로에는 없다고 하자. 여행자들은 그 사실을 모르고 있다. 그럼 도중에 주유소가 있는 도로를 선택한 '운' 좋은 여행자들만 로스앤젤레스까지 갈 수 있고, 나머지 여행자들은 연료가 떨어져 중도에서 포기할 수밖에 없게 된다.

편의상 주유소가 있는 도로를 선택한 '운'이 좋은 여행자들을 '이윤'을 낸 기업들이라고 생각하자. 여기서 '이윤을 냈다'는 말은 여행자들이 무사히 로스앤젤레스에 도착했다는 의미다. 살다 보면 '운'의 역할을 무시할 수 없다. 세상에는 성공을 뽐내는 사람들이 수없이 많지만, 알고 보면 능력과 노력의 결과라기보다 운이 따라줘서 성공한 사람들도 많기 때문이다.(이래서 세상사를 속속들이 알게 되면 쓸쓸한 느낌이 들 때가 많다.)

하지만 다음에는 '운'이 필요 없을지도 모른다. 거의 모든 여행자들이 주유소가 있는 도로를 선택할 게 빤하므로. 다들 그 길이 '이윤'을 낼 수 있는 길임을 알기 때문이다. 그들 모두 지난 경험의 실패에서 값진 정보를 얻었고, 이게 다 '학습효과' 덕분이다. 아니면 기업들이 '모방'하여 이윤을 낸다고 폄하할 수도 있겠지만, 어디까지나 새로운 정보를 바탕으로 이윤을 얻기 위해 반응한 것뿐이다.

그런데 5개 도로 중 한 도로에만 주유소가 있고, 그 유일한 주유소가 고정된 것이 아니라 마음대로 자리를 옮긴다고 하자. 종종 다른 도로로 이동된다고. 이렇게 되면 '운'의 여지가 다시 생기게 되지만, 한편으론 기업들도 변화된 환경에서 이윤을 내기 위해 노력할 것이다. 나아가 주유소의 움직임을 예측하는 '선견지명' 있는 회사가 나올 수도 있다.

만약 주유소의 움직임을 미리 알 수만 있다면 그 선견지명이 있는 회사는 분명 이윤을 낼 것이다. 이 경우 단순히 운이 좋아 이윤을 낸 회사나 운이 없어 이윤을 못 낸 회사들은 선견지명이 있는 회사를 모방하려 한다.

'기업전략'은 어떻게 하면 꾸준히 이윤을 창출할 수 있을 것인지에 대해 끊임없이 새로운 방안을 찾아내는 것이다. 이는 기업이 생존하는 바탕이다. 또한 기업전략은 끊임없이 바뀌는 환경에 적응해 가면서 지속적으로 이윤을 낼 수 있는 방안이 포함된다. 이는 기업이 앞으로 나아갈 방향, 즉 비전을 제시해야만 가능하다. 기업전략에 있어서 비전의 역할이 점점 더 커지는 이유이기도 하다. 비전은 기업이 이윤을 창출할 수 있게 하는 변주곡이라 할 수 있다.

전 NBC 방송국 사장이었던 그란트 팅커는 "우선 최고가 되자. 그러면 일등이 될 것이다(First we will be best, and then we will be first)"라고 말했다. 그러나 최고가 아니라도 기업은 좌우를 둘러볼 필요가 있다. 이를 기업전략으로도 볼 수 있다. 이윤은 최고에게만 발생하는 것이 아니다. 또한 최고에 몰두하여 넓게 그리고 멀리 보는 것을 소홀히 한다면 최고가 되는 기회비용이 최대가 되는 위험이 있다. 한마디로 있어야 할 자리에 기업전략이 없다는 이야기이다.

문제아를 스타로

경영학의 한 분야에 '기업전략'이라는 과목이 있다. 기업전략이란 기업의 목적을 달성하기 위해 여러 여건 중 장점을 활용하고 단점을 메우기 위해 대비하는 것을 말한다. 이 기업전략 수립에서 흔히 쓰는 간단한 기법이 '매트릭스matrix'이다.

매트릭스란 한 주제에 대해 관심 있는 두세 가지 요인을 비교함으로써 그 주제의 특징을 나타내는 것을 말한다. 기업전략과 관련된 가장 대표적인 매트릭스의 예는 해당 비즈니스를 '시장점유율'과 '시장성장률'이라는 이 두 개의 축으로 구분한 것이다. 보스턴컨설팅그룹에서 광범위하게 사용하는 기법이다.

시장점유율은 비즈니스가 차지하고 있는 시장의 규모를 의미하는 것이므로 비즈니스의 현재 상태를 나타낸다. 비즈니스의 시장점유율이 높을수록 비즈니스가 잘되고 있는 것이다. 반면 시장성장률은 비즈니스가 속한 분야의 전망을 의미하는 것으로 성장률이 높을수록 해당 비즈니스의 성장 가능성이 높다.

우리는 비즈니스의 시장점유율과 시장성장률이 높은지 혹

은 낮은지를 서로 비교하며 매트릭스를 만들어 볼 수 있다. 먼저 비즈니스의 시장점유율과 시장성장률이 둘 다 높을 경우엔 지금도 잘되고 있고, 앞으로의 전망도 좋은 사업이라 할 수 있다. 이런 비즈니스를 '스타star'라고 한다.

반면 비즈니스의 시장점유율은 높으나 시장성장률은 낮은 사업은 '현금 젖소(cash cow)'라고 한다. 이런 사업은 현재 시장점유율이 높아 장사가 잘되기 때문에 많은 현금을 벌어들인다. 그러나 성장 가능성은 낮아 벌어들이는 현금을 재투자해 사업을 확장하는 것은 위험하다.

한편 시장점유율은 낮으나 시장성장률이 높은 비즈니스를 '문제아(problem child)' 또는 '의문부호(question mark)'라고 하는데, 현재 시장점유율이 낮아 고전하고 있지만 미래에는 성장 가능성이 높은 분야에 속하는 사업이므로 지원 여하에 따라서 미래의 스타 사업이 될 가능성이 높다.

마지막으로 시장점유율도 낮고 시장성장률도 낮은 비즈니스는 현재도 고전하고 있지만 미래 전망도 밝지 않다. 이런 사업을 '개(dog)'라고 한다. 가능하면 빨리 처분하는 것이 현명하다고 할 수 있다.

이렇게 비즈니스를 시장점유율과 시장성장률에 따라 스타, 현금 젖소, 문제아, 개로 분류해 볼 수 있다. 이런 분류에 따른 핵심적인 기업전략은 문제아 사업을 적절히 지원해 스타 사업으로 만드는 것이다. 이때 필요한 재원 조달은 현금 젖소 사업에서 나오는 돈을 활용하면 된다. 물론 문제아 사업이 많은 경우에는 스타가 될 가능성이 가장 큰 사업을 우선적으로 지원하면 된다.

담배 회사인 필립 모리스가 담배 사업에서 발생되는 현금으로 식품 생산회사인 제너럴 푸드나 크래프트를 지원한 것이 그 예다.

물론 이런 매트릭스 기법을 적용하는 데에는 현실적 저항이 따른다. 예컨대 비즈니스의 시장점유율을 보는 데 있어서도 입장에 따라 차이를 보인다. 대개 경영진은 기존 시장점유율이 낮더라도 속한 산업일반보다 '높은' 것으로 해석하여 현재의 기업 상태를 낙관적으로 설명하는 경향이 있다. 또한 비즈니스의 시장성장률도 낙관적으로 예측하는 성향이 있다. 결과적으로 경영진은 비즈니스 포트폴리오 중 '개'에 속하는 비즈니스 분야를 줄이고자 한다.

한 기업의 전략도 매트릭스를 이용해 정리해 볼 수 있다. 기업전략을 제품과 시장의 두 관점에서 정리하는 것이다. 구체적으로 제품은 '기존제품'과 '신제품', 시장도 '기존시장'과 '신규시장'으로 대별해 매트릭스를 생각해 볼 수 있다.

먼저 기존제품으로 기존시장을 공략하는 전략을 '시장집중'으로 볼 수 있다. 그리고 기존시장이 포화됨으로써 기존제품의 신규시장을 개발하는 전략을 '시장침투'라고 한다. 시장침투의 예는 전자회사 필립스가 남성용 전기면도기 '필립쉐이브'를 '레이디쉐이브'로 변형시켜 여성용 면도기 시장에 진출한 것이다.

반면 기존시장이 포화됐을 경우 신규시장에 진출하는 대신 신제품을 개발해 기존시장을 유지하려는 전략을 '제품개발'이라고 하는데, 비즈니스용 복사기계 사업에 있어서 IBM은 전통적으로 제품개발 전략을 사용한다.

마지막으로 신제품을 개발해 신규시장에 진출하는 전략을 '다양화'라고 한다. 제품뿐만 아니라 시장까지 다변화되어 기업의 제품과 시장이 다양화 되었기 때문이다.

　　이러한 매트릭스 기법은 그 요인들에 대하여 구분을 두 가지가 아니라 더 세분하면 더 많은 경우들을 고려할 수 있게 한다. 즉 한 주제에 대하여 두 가지 요인이 아니라 세 가지 요인으로 늘려 가능태可能態들을 상정해 볼 수 있다. 그러한 삼차원 그림도 쉽게 그릴 수 있으나, 그러나 요인들이 셋 이상이 되면 머릿속에서 상상하기가 쉽지 않게 된다. 어쨌든 어떤 관심 있는 주제에 대하여 이런 매트릭스 기법을 사용하게 되면 그 주제에 관련된 중요한 측면들을 쉽게 머릿속에 그려 우리의 생각을 가다듬을 수 있는 장점이 있다.

제품관리

    한 소재를 어떤 형태의 제품으로 만들어서 상품화하는 것을 '상품 디자인'이라고 한다. 이때 상품은 그 기능에 적합한 형태를 띠고 있어야 한다. 예컨대 어린이용 장난감을 무겁게 만들어서 아이가 쉽게 들지 못하게 한다면 곤란하다. 또한 상품은 시각적으로 친근감을 주어야 하므로 형태뿐만 아니라 외관도 신경을 써야 한다. 상품을 어떻게 포장하느냐 하는 문제는 중요하다.

    엄밀히 따져서 기술적으로 만들어진 것은 '제품'이고, 소비자에게 파는 것은 '상품'이다. 상품이란 '상업 물품'의 준말로 상업 목적으로 생산된 '생산물(produce)'과 '생산품(product)'을 의미한다. 생산물은 농업생산물 등으로 주로 쓰이고, 생산품은 공업생산품 등 제조 품목을 의미한다. 따라서 상품 디자인은 주로 제조 품목에 적용된다. 상품화를 위한 제품 생산의 예를 들어보면 다음과 같다. 정식 명칭은 상품의 기하학적 형태론이라고 할 수 있다.

    기하학에서 1차원이라고 하면 '선'을 뜻한다. 2차원은 '넓이'

를 지칭하고 3차원은 '부피'를 나타낸다. 이런 기하학의 개념을 판매하는 상품에 응용해 보면, 1차원 상품은 선과 같은 제품이므로 모양이 긴 상품이 된다. 2차원 상품은 모양이 넓은 제품이라고 할 수 있겠다. 그리고 3차원 상품은 부피이므로 길지도 넓지도 않은 제품이라고 적용해 볼 수 있다. 물론 모든 상품은 부피가 있으므로 3차원 상품이다. 그러나 상품은 소비자가 눈으로 보고 사는 것으로 눈에 비친 영상에 따라 긴 상품, 넓은 상품으로 정의한 것이다.

우리가 옛날에 즐겨 먹었던 엿을 한 번 연상해 보자. 우리가 엿치기하며 놀던 가래엿은 길고 가늘다. 단순하게 기억된다. 1차원 상품이다. 대패로 밀어 주던 넓적한 판 엿은 좀 더 복잡하다. 2차원 제품이다. 동글동글한 생강엿은 재료가 바뀌었다. 3차원 상품이다.

기하학 용어는 아니지만 편의상 0차원이라는 개념을 적용해 0차원 상품을 한 번 정의해 보자. 0차원 상품이란 상품이 낱개로 팔리는 것이 아니라 무게 등 단위로 팔리는 것이라고 하자. 0차원 상품의 예는 쌀, 밀가루, 설탕 등이 있을 것이다. 이렇게 상품을 0차원, 1차원, 2차원, 그리고 3차원으로 구분하면 제품의 생산관리가 편해진다. 한 소재에 대해 0차원, 1차원, 2차원, 3차원 형태의 제품 생산이 가능한가를 고려해 봄으로써 새로운 형태의 상품 개발이 가능해진다. 앞에서 언급한 엿이 그 예다. 다른 예로 설탕을 들 수 있다. 설탕은 원래 무게단위로 파는 0차원 상품이었으나 3차원 형태의 각설탕을 개발해 고가 상품이 되었다.

이러한 상품의 기하학적 형태를 상품의 제공이나 포장에도 고려해 볼 수 있다. 소프트드링크(알코올 성분이 없어서 가볍게 마실 수 있는 음료)도 기본적으로는 0차원 제품 범주에 든다. 그러나 이 경우엔 대형 드링크와 소형 드링크 두 선택만 제공하는 것보다 대·중·소형의 세 가지 선택을 제공하는 것이 매출에 유리하다.

이는 소비자들의 극단적 회피 성향을 이용하는 것으로, 대·중·소형 가운데 선택하게 하면 대다수 소비자들이 중형 드링크를 고르는 결과를 가져온다. 초대형인 점보(원래는 1885년에 죽은 서커스단의 대형 코끼리 이름) 드링크를 추가하여 중간 선택이 된 대형 드링크의 매출을 늘리려고 시도하는 것도 같은 맥락이다.

길이와 높이가 같을 경우, 소비자의 눈은 길이보다 높이가 더 길어 보이는 수직적 착시현상을 보인다. 따라서 같은 양이 들어 있는 콜라 캔도 소비자들에게 넓은 캔보다 높은 캔이 더 많은 콜라가 들어 있다는 인상을 심어 준다. 콜라 캔이 세로로 긴 이유다.

콜라 등 음료수 캔은 원형인데 우유는 사각 팩에 담겨 있다. 사각 팩 상품이 원형 캔 상품보다 슈퍼마켓 선반에 보관하기가 더 효과적일 것이다. 특히 우유는 냉장보관이기 때문에 사각형이 냉장고 공간을 더 효과적으로 사용할 수 있게 한다. 그래서 우유는 대개 사각 팩 형태로 제공된다고 볼 수 있다.

모든 광고에는 미인이

거의 모든 광고에는 미인이 등장한다. 화장품 광고에 아름
다운 여성이 등장하는 것이야 이상할 것도 없지만, 이를테면
자동차 타이어 광고에까지 그런 경향을 보이는 데는 조금 심
하다는 생각도 든다. 광고가 정말로 소비자에게 필요한 정보를
제공해 주는 것인지 의문이 들기도 한다.

영국 작가 체스터턴이 뉴욕을 방문했을 때, 브로드웨이街
타임스 스퀘어에서 화려한 네온사인 홍수를 보고는 "글을 못
읽는 사람에겐 이 얼마나 아름다운 광경일 것인가?"라고 촌평
을 했다고 한다.

광고를 하지 않고 사업을 하는 것은 '어둠 속에서 여자에게
윙크'하는 것과 마찬가지일 것이다. 캄캄한 곳에서 당신이 아무
리 윙크를 한다고 해봐야 그녀는 전혀 알아차리지 못할 테니
말이다. 사실 광고는 인간의 행위 중에서도 가장 오래된 것에
속한다. 즉 선사시대의 동굴벽화도 일종의 광고물에 해당한다.
이처럼 오랜 역사를 가진 광고는 인쇄술이나 미디어의 발달과
함께 폭발적으로 발달하고 증가하게 되는데, 그 대상 역시 전

체 상품들을 포괄할 정도로 광범해지고 있다.

광고의 수요가 늘어나게 된 이유는 그 효용성이 있기 때문이다. 광고가 고객에게 상품이나 서비스의 존재를 알리고 그에 상응하는 정보를 제공함으로써 구매욕을 자극한다.

실제로 '코카콜라 리얼(Coca-Cola, Real)' 같은 광고에서 소비자들이 어떤 유익한 정보를 얻을 수 있는지 의문이다. 단지 소비자가 알게 되는 것은 코카콜라 사가 많은 돈을 들여 그런 메시지의 광고를 한다는 사실뿐이다. 실제로 이것이 코카콜라 사가 소비자에게 주는 유일한 직접 메시지이다. 즉 이런 값비싼 광고를 본 소비자들은 "이 정도로 큰돈을 들여 광고를 하는 회사라면 분명 그 광고 제품에도 상당한 노력을 들였을 거"라고 추측하게 된다. 거액의 출연료를 받는 예쁜 여배우가 광고에 출연하게 되면 소비자들은 더더욱 그런 이미지를 받게 된다. "저렇게 많은 돈을 광고에 쏟는데 하물며 만드는 제품에는?" 결국 '코카콜라 리얼' 광고 자체에는 소비자들에게 전달하는 정보가 아무 것도 없지만, 그런 비싼 광고를 하는 회사는 자사 제품의 질을 유지할 것이라고 믿기 때문이다. 즉 광고는 소비자에게 제품의 신뢰성을 심어 준다.

편의상 제품의 질이 떨어지는 '개살구'와 질이 좋은 '살구' 두 종류가 있다고 가정하자. 개살구든 살구든 판매자는 소비자에게 '살구를 판다'고 말할 수 있다. 말하는 것은 돈이 드는 일이 아니고 별로 힘든 일도 아니다. 또는 정직하게 개살구라고 하면서 팔 수도 있고, 아무 말 없이 개살구를 팔 수도 있다. 그러나 많은 돈을 들여 광고를 하는 경우에, 개살구를 팔면서 살구를 판다고 하는 것은 이익이 되지 않는다. 일부러 돈을 들여 거짓을 선전하는 꼴이 되기 때문이다. 광고를 통해 이익을 보려면 좋은 살구를 판다고 하면서 실제로도 좋은 살구를 파는 것이다.

보통 은행은 고딕풍의 장중한 건물에 많다. 돈을 맡기는 예금자에게 안도감을 주기 위해서이다. 은행 건물이 일종의 광고인 셈이다. '최대의 기업' 혹은 '최초의 기업'이라는 방식의 소위 '기관 광고'도 고객에게 신뢰도를 심기 위한 것이다. 광고주의 좋은 이미지를 만드는 데 주로 쓰인다.

기업이 큰돈을 들여 광고를 하는 경우 소비자뿐만 아니라 그 경쟁업체에게도 전하는 메시지가 있다. 소비자에게도 그렇지만 경쟁업체에게도 그 광고 제품은 회사의 공약公約에 해당한다. "우리는 이 제품에 전력투구하고 있으니 당신들이 우리와 경쟁하기 위해서는 힘든 싸움을 각오해야 한다"라는 메시지를 보내는 것이다. 고액의 출연료를 주고 미인 모델을 광고에 출연시키는 것은 소비자는 물론 경쟁업체에게도 회사의 확고한 메시지를 전하는 셈이다.

광고업계에는 흔히 "광고의 반은 낭비되는데 어느 쪽 반인 줄은 모른다"라는 말이 있다. 어느 쪽이든 낭비되는 반은 경쟁업체에게 메시지를 전하는 데 사용되는 셈이다.

'껌의 왕' 윌리엄 위그리는 판매수익의 대부분을 광고에 쏟아 부었다. 그런 그에게 누군가 물었다.

"이젠 어느 정도 껌에 대해 많이들 알고 있는데, 굳이 계속 광고할 필요가 있을까요?"

그러자 위그리는 때마침 지나가는 기차를 가리키며 이렇게 대답했다.

"잘 달리는 기차를 끊어 놓을 필요가 있겠소?"

껌 소비자가, 껌 판매 경쟁업체가 잘못 받아들일 메시지를 보내지 않겠다는 대답일 것이다. 이윤을 추구하는 기업이 광고를 하는 이유는 하나다. 자사 제품을 더 많이 팔아서 더 큰 이익을 얻는 것. 그래서 기업은 호경기에는 계속 잘 팔기 위해 광고를 하고, 불경기에는 제품이 안 팔리니 별 수 없이 광고를 하게 된다.

차이의 2배를

종종 우리는 이런 광고문을 본다.

"우리보다 값이 더 싼 곳이 있으면 그 차이의 2배를 돌려 드리겠습니다."

소비자들에게 우리가 가장 싼 가격에 팔고 있으니 가격에 대해서는 걱정하지 말라는 메시지를 심어 주는 것이다. 이렇게 보면 우리 제품 가격은 '깎지 않아도 가장 싸다(?)'는 평범한 광고 전략이지만 그 배후에는 더 큰 메시지가 도사리고 있다.

편의상 미국에서 가장 큰 전자 유통업체인 서킷시티와 베스트바이가 같은 TV를 대당 100달러에 구입하여 150달러에 똑같이 판다고 해 보자. 이때 서킷시티가 '차이의 2배를 돌려준다'는 광고를 하고 있다. 이런 상황에서 베스트바이가 이 TV를 대당 150달러에서 10% 세일하여 대당 135달러에 판다면 어떻게 되는가? 아마 서킷시티에서 150달러에 그 TV를 구입한 고객들은 차액 15달러의 2배인 30달러를 돌려받기 위해 서킷시티에 갈 것이다. 결국 서킷시티는 150달러에 판 TV를 환불해 준 뒤에는 120달러에 파는 셈이 된다. 서킷시티 가격(120달러)이 10%

세일을 시작한 베스트바이 가격(135달러)보다 더 싸지게 된다.

베스트바이의 10% 세일은 서킷시티의 20% 세일을 유발한 셈이다. 이는 서킷시티의 '차이의 2배를 돌려준다'는 광고 때문이다. 만약 베스트바이가 TV 가격을 내림으로써 판매를 늘릴 계획이라면 베스트바이는 더 이상 그 TV를 팔 수 없게 된다. 그런 경우 서킷시티의 가격이 베스트바이 가격보다 자동적으로 더 낮아지기 때문이다. 이런 결과를 예측하는 베스트바이는 처음부터 10% 세일을 시작하지도 않을 것이다. 이런 가능성 때문에 서킷시티와 베스트바이는 같은 TV를 대당 150달러에 파는 가격정책을 지속하여, 서킷시티와 베스트바이 간 시장점유율이 예컨대 60 : 40을 유지한다.

이 경우 베스트바이 입장에서는 TV 가격을 좀 낮춰 시장점유율을 늘리고 싶은 생각이 있다. 물론 서킷시티의 반응이 없거나, 반응이 있더라도 효과가 없을 것이라고 생각한다면 베스트바이는 가격경쟁을 시작할 것이다. 반면 서킷시티는 '차이의 2배를 돌려준다'는 광고로 대응할 것이다. 결과적으로 베스트바이의 움직임이 무엇이든 그것의 2배로 반응한다는 것이다.

이것은 일종의 위협이다. 2배로 응징한다는 의미이므로. 물론 위협이 효과적이기 위해서는 상대방이 그 위협을 진실로 믿어야 한다. 그런데 '차이의 2배를 돌려준다'는 광고는 서킷시티가 공식적으로 선언한 것이다. 이 경우 서킷시티는 어떤 상황에서도 그 선언을 지킬 수밖에 없다. "10% 세일을 실시하면 우리는 그 차액의 2배를 고객에게 돌려줄 것"이라는 메시지를 조용히 베스트바이에 전한 것과는 그 효과가 전혀 다르다. 또한 '차이의 2배를 돌려준다'는 서킷시티의 광고는 소비자들이 자발적(?)으로 베스트바이의 움직임을 감시해 주는 효과가 있다. 앞에서 보았듯이, 소비자들의 2배 환불요구가 그것이다. 이는 서킷시티가 시킨 게 아니라, 이익을 볼 수 있는 소비자들이 서킷시티의 약속 이행을 촉구하는 것이다. 이런 소비자들의 행태가 베스트바이로 하여금 가격인하를 유발할 수 없게 만드는 요인이 된다.

'차이의 2배를 돌려준다'는 광고의 1차적 목적은 소비자들에게 자기들의 제품이 최저가라는 인식을 심어 주는 것이다. 그러나 사실은 치열한 경쟁관계에 있는 상대 업체에게 가격경쟁을 시작하지 말라는 경고를 보내고 있는 것이다. 경쟁업체에게 전하는 간접적 메시지는 이렇다. "당신의 측면 공격에 우리는 꼭 보복을 합니다. 물론 우리 손을 더럽히지 않고도 소비자들이 대신해 줄 겁니다. 그러니 당신이 가지고 있는 것이라도 지키려면 조용히 있으시오." 또 '차이를 돌려준다'는 광고도 흔히 있는데, 이는 '차이의 2배를 돌려준다'는 광고에 비해 의미가 약할 것이다. 하지만 100달러에 가져온 TV를 베스트바이와 서킷시티가 150달러가 아니라 120달러에 파는 경우엔 '2배'라는 문구를 쓰기 어렵다. 예컨대 베스트바이가 10달러를 깎아 110달러에 판다면 '차이의 2배를 돌려준다'는 광고는 서킷시티의 가격을 100달러 혹은 그 이하로 내려가게 만든다. 차액 10달러의 2배인 20달러를 돌려주면 서킷시티는 이익은 커녕 손해를 감수해야 하는데, 즉 이런 경우에는 2배가 아니라 '차이를 돌려준다'는 광고가 사용될 것이다. 마진이 약한 경쟁업체 간에 선호되는 광고다.

요즘 주위에서 흔히 우리는 하나를 사면 하나를 더 주는

〈'One+One'〉세일을 본다. 예컨대 피자 한 판을 만 원에 사면 같은 피자 하나를 더 주는 것이다. 여기서 드는 의문은 왜 처음부터 가격을 내려 피자 하나에 반값인 5천 원에 팔지 않느냐이다.

우선 피자 가격을 내리면 피자 가격이 다른 제품에 비해 상대적으로 싸지지만 피자 수요가 일정한 경우 피자보다 다른 제품의 구입이 더 늘어난다. 피자 가격이 하락하면 피자의 구매가 늘지만 피자 소비에 사용되었던 돈이 피자 이외의 다른 제품 소비에 전용될 것이다. 이런 점은 이런 세일이 피자나 닭 등에만 있지 자동차 판매에서는 보지 못하는 이유이기도 하다.

두 번째는 피자 값이 만 원인 경우 피자 한 판을 소비하는 고객들의 경우 피자 가격이 오천 원으로 내리면 피자 구매를 둘로 늘리거나 그래도 하나만 구입하는 고객들도 있을 것이다. 이런 고객들한테 비록 그들이 단골고객이지만 피자 가격을 인하하면 매출액이 줄어들 것이다. 낮은 가격에 매출 증가는 미미하기 때문이다.

반면 피자가 만 원이면 너무 비싸고 오천 원이면 피자를 사겠다는 고객들이 있다면 이런 고객들이 만 원에 피자 두 판을 주는 세일에 참여한다면 매출 증가로 이어진다. 하나를 사면 하나를 더 주는 세일은 신규고객을 창출하여 매출을 늘리고 단골 고객들에게는 피자 하나를 보너스로 더 주어 고객 충성도를 공고히 한다.

한탕주의

부정不正은 부정직으로, 예컨대 기업이 고급 제품을 판다고 하면서 저급 제품을 파는 사기행위를 하는 것이다. 반면 파는 제품에 대해 별다른 언급 없이 저급 제품을 파는 것은 사기행위가 아니다. (저급 제품이 불량제품은 아니다.)

기업의 생산 활동은 편의상 고급 제품과 저급 제품 생산으로 나눠 볼 수 있다. 이는 기업이 지향하는 고객층 내지 시장에 따른 결정일 수 있다. 혹은 공급 면에서 기술적 차이가 있을 수도 있다. 예컨대 제약회사가 특허가 있는 약과 그런 법적 보호가 없는 유사제약인 제너릭generics 등을 생산하는 것으로, 기업의 생산 결정은 기업이 이윤을 내기 위한 기업전략에 속하는 것이다. 반면 기업의 판매 활동에 있어서는 고급 제품을 판다고 하면서 실제로도 고급 제품을 파는 '정직한 행위'와 고급 제품을 파는 것처럼 하면서 실제로는 저급 제품을 파는 '부정직한 행위'로 크게 나눌 수 있다.

이에 우리는 "기업은 왜 한 번에 큰 이익을 볼 수 있는 부정직한 판매행위를 하지 않고, 정직한 판매행위를 하는가"하는 의문을 가질 수 있다. 고급 제품을 파는 것처럼 속여 저급 제품을 팔면 당장은 큰 이익을 올릴 수 있다. 하지만 지속적으로는 불가능할 것이다. 그런 기업들에게 고객들은 한 번 속지 두 번은 속지 않을 것이다. 결과적으로 정직한 판매 활동을 하는 기업만이 지속적으로 살아남을 수 있게 된다. 물론 폐업 위기에 처한 기업의 입장에서는 한 번의 부정직한 거래로 크게 이익을 본 다음 사업을 접는 게 유리할 수도 있다. 그러나 대다수 일반 기업들은 미래의 반복 판매로 인한 이익이 훨씬 크기 때문에 부정직한 판매를 하지 않는다.

그렇다면 소비자의 입장에서 부정직한 기업을 어떻게 알 수 있을까? 정직한 기업이나 부정직한 기업 모두 고급 제품을 판다고 홍보하면서, 미래의 반복 판매를 통한 이윤 창출이 기업전략인 것처럼 포장할 수 있다. 비록 정직하지 못한 판매로 소비자를 우롱하더라도 소비자는 제품을 구입해 써본 뒤에라야 이 사실을 알 수 있다. 즉 사기 행위와 그 발각에는 시차가 있을 수 있다.

따라서 정직한 기업의 입장에서는 소비자들이 부정직한 기업과 구별할 수 있도록 처음부터 고급 제품을 판다고 약속하는 것 이상의 추가적 조치가 필요하다. 무엇보다 부정한 방법으로 한탕(?)을 노리지 않는다는 점을 소비자들에게 분명하게 인식시켜야 하는데, 한 번 반짝하고 사라질 기업이 아니라 앞으로도 쭉 반복 판매를 할 거라는 이미지를 심어 주어야 한다.

정직한 기업은 눈앞의 이익을 포기할 뿐 아니라 기업이 속한 사업 내지 산업에서 일종의 '인질人質'임을 알려 기업의 장기적 의도를 표출하여야 한다. 이런 대표적 투자가 상표나 트레이드마크이며, 이를 포함한 포괄적인 활동이 광고이다. 기업의 로고도 같은 성격을 가지며 기업에 특화된 건물, 기계 그리고 기구 등에 대한 투자도 그런 특성을 나타낸다. 이런 되찾을 수 없는 투자를 통해 정직한 기업은 장기적으로 존재하면서 반복 판매를 계속할 것임을 소비자에게 알린다. 일시적 이윤을 노리는 부정직한 기업은 이런 투자를 할 수 없기 때문이다. 나아가 정직한 기업의 이러한 투자가 미래에 소비자들의 반복 구매뿐 아니라 제품 가격의 프리미엄을 얻을 수 있는 근거를 제공한다.

앞에서 언급했듯 불량품이 아닌 저급 제품을 솔직하게 밝히고 파는 정직한 기업도 있다. 이런 정직한 기업들은 광고 등의 '기업 특화적' 투자는 하지 않을 것이다. 굳이 광고까지 하면서 저급 제품을 판매할 이유가 없기 때문이다. 정직한 기업들은 별다른 투자 없이 그냥 저급 제품을 파는 것이 유리하다. 이 결과 경쟁적 산업에서는 이러한 제품 가격이 장기적으로 기업들이 이윤을 낼 수 없는 균형 수준으로 수렴된다.

부패腐敗는 뇌물 형태로 나타나는데, 경제학적 입장에서 보면 이런 뇌물거래가 시장거래를 대체하거나 시장거래에 왜곡을 불러온다. 시장거래의 의존도가 높은 경제일수록 부패 정도가 줄어들지만, 시장 실패나 시장의 한계가 있는 부문에서는 부패가 성행한다. 따라서 부패도 부정행위이긴 하지만 주로 관료조직에 해당된다.

부패한 정부에도 부패가 집중화되기도 하고, 분산화 되기도 한다. 집중화된 형태의 부패는 정부 실력자가 모든 부패행위를 통제하여 그 수입을 배분한다. 반면 분산화 된 부패는 뇌물을 주고받는 사람이 여러 명이고 그들 간의 협조가 이루어지지 않는다. 집중화 된 부패는, 예컨대 서울 ~ 부산 간 고속도로에서 톨게이트를 지나갈 때 한 번만 통행료를 내는 식으로 뇌물을 한 번만 받는 격이다. 반면 분산화 된 부패는 서울 ~ 부산 사이에 검문소를 곳곳에 세워 놓고 그때마다 뇌물을 징수하는 것이다.

어느 경우나 뇌물은 준조세(조세는 아니지만 실질적으로 조세와 같은 성질의 공과금이나 기부금)의 성격을 띠지만, 경제의 효율성 면에서는 집중화 된 부패가 분산화 된 부패보다 더 낫다. 그러나 뇌물 총액은 분산화 된 경우가 집중화 된 부패보다 전체적으로는 더 적을 것이다. 왜냐하면 집중화 된 부패는 피할 곳이 없지만 부패가 분산화 되어 있는 경우는 뇌물 지급을 피하려는 노력이 있기 때문이다.

정부에 부패가 없는 것이 이상이지만 현실적으로는 부패가 없을 수 없다. 왜냐하면 부패가 스며들 여지를 전혀 없게 만들려면 우리가 내야 할 대가가 매우 크기 때문이다. 비유하면 당신이 지금까지 비행기를 한 번도 놓친 적이 없다면 당신은 지금까지 공항에서 비행기를 기다리면서 많은 시간을 보냈을 것이다.

거침없는 말솜씨를 자랑하는 암브로스 비어스는 자신의 책 《악마의 사전》에서 "정치인이 부정한 짓을 하지 않고도 살아갈 수 있는 방도가 있다면 그것은 뇌물"이라고 말했다. 악마는 뇌물을 받을 권리가 있기 때문이다. 다만 우리는 뇌물을 받고 부탁을 들어주는 '정직한(?)' 거래를 악마가 하지 않기를 바랄 뿐이다.

디즈니랜드

미국 국립공원의 아버지, 자연보호의 선구자 존 뮤어가 평생을 사랑했던 요세미티 국립공원. 작가 마크 트웨인은 북 캘리포니아의 요세미티 국립공원을 보고는 크게 감탄했다. 그는 요세미티를 일컬어 "동쪽에서부터 미국을 만들어 오던 신이 갑자기 땅덩이가 캘리포니아에서 끝나는 것을 보고는 손에 남은 모든 재료를 다 쏟아 부은 곳"이라고 평했다. 캘리포니아의 아름다운 자연경관을 너무도 잘 표현하는 말이다.

반면 영화배우 우디 알렌은 캘리포니아가 기여한 유일한 문화적 공헌은 '빨간 신호등에도 우회전하는 것'이라며 비웃은 적이 있다. 빨간 불이 켜졌을 때는 우회전할 수 없는 뉴욕 맨해튼에서는 이 말에 공감을 할지도 모르겠다.

뉴욕 출신인 알렌에게는 캘리포니아의 그 어떤 풍경보다 신호등이 인상 깊었나 보다. 물론 '문화'를 어떻게 정의하느냐에 따라 '빨간 신호등에 우회전'도 문화가 될 수 있다. 하지만 '나에게는 있고 남에게는 없는 것'이라는 통속적 정의를 적용시켜도 캘리포니아의 문화적 기여는 허다하다.

'할리우드' '실리콘밸리' '프리웨이' '등록금이 없는 캘리포니아 주립대학 제도' 등, 여기에 전 세계 어린이들이 가장 가보고 싶어 하는 '디즈니랜드'도 빼놓을 수 없다.

예전 뉴욕에 있었던 '코니아일랜드'를 반면교사反面敎師 삼아 설립됐을지라도 '놀이동산'의 원조격인 디즈니랜드의 문화적 기여는 미국뿐 아니라 범세계적으로 상당히 크다. 또한 디즈니랜드의 가격 정책도 상당히 문화적이다.

디즈니랜드는 입장할 때 한 번만 표를 사면 모든 놀이기구를 그냥 즐길 수 있다. 더 이상 표를 사는 데 들어가는 돈이 없는 것이다. 그러다 보니 좀 재미있다고 알려진 놀이기구는 1시간에서, 심하면 3시간까지 줄을 서서 기다려야 한다. 조금만 기다리면 탈 수 있겠지, 생각하고 줄 뒤쪽에 섰다가는 낭패를 보기 십상이다. 그래서 각 놀이기구들 앞에는 '예상 대기시간'을 표시하는 장치가 되어 있다.

사정이 이렇다 보니 어떻게 하면 시간을 잘 쪼개서 하나라도 더 많은 놀이기구를 타느냐가 문제다. 똑같은 입장료를 내고 들어와서 누구는 여러 놀이기구를 타고 신나게 즐기는데, 난 그렇지 못하다면 얼마나 속상하겠는가.

사실 1980년대 초에는 디즈니랜드도 각 놀이기구들이 A~E로 나뉘어져 있었다. 그래서 A표를 사서 입장하면 그에 속한 놀이기구만 탈 수 있었다. 만약 E표에 속한 놀이기구를 타고 싶으면 추가로 E표를 사야 했다. 그런데 사람들에게 인기 있는 놀이기구들이 대개 E표에 몰려 있어 "디즈니랜드의 'E표'라고 하면 가장 좋은 것"이라는 말까지 생길 정도였다.

그렇다면 왜 디즈니랜드는 1시간 이상 기다리는 인기 있는 놀이기구에 추가 가격을 매기지 않을까? 돈을 받게 되면 줄이 좀 줄어들어서 최소한 몇 시간씩 기다리는 일은 없을 텐데.

그 이유는 다음 몇 가지로 설명할 수 있다. 첫째, 대부분의 사람들은 휴가를 즐길 때만큼은 돈에 대하여 신경 쓰기를 싫어한다는 것이다. 따라서 휴가와 관련된 분야는 디즈니랜드 식으로 일괄가격 정책을 선호한다. 같은 논리로 크루즈 여행사들도 디즈니랜드 식 가격 정책을 채택한다. 크루즈 여행을 시작할 때 한 번 돈을 내면 더 이상의 추가 비용은 없다.

둘째, 줄을 서서 기다리는 것이 소비자 결정을 정당화시켜 준다는 것이다. "이렇게 많은 사람들이 이 놀이기구를 타기 위해 기다리고 있다면 내가 여기 줄을 서 있는 건 참 잘한 결정이다"라고, 소비자가 스스로를 위로한다는 것이다. 마치 찾아간 음식점에 손님이 북적거리면 안심이 되는 것과 같이.

셋째, 긴 줄은 부모들이 아이들에게 "안 돼!"라고 말할 필요가 없고, 비용을 절약하게 한다는 것이다. 만약 디즈니랜드가 기다리는 줄을 없애기 위해 놀이기구 타는 가격을 따로 책정한다면, 아이들 성화 때문에 부모들은 하루에 수백 달러를 추가로 부담할 수밖에 없다. 현행 제도는 아이들이 꼼짝 않고 한 곳에 머물게 하므로(줄에서 벗어날 수 없으므로), 굳이 부모들이 아이들의 즐거움을 억지로 막으면서까지 악역을 할 필요가 없다. 즉 싫은 소리 않고도 자연스레 돈을 절약할 수 있다.

테마별로 나뉜 구역에 입장하기 위해 기다리고, 인기 있는 놀이기구 앞에서 마냥 줄을 서고 있다 보면 어느새 하루해가 다 지나간다. 이렇게 디즈니랜드에서 하루를 보내고 나면 피곤할 수도 있지만, 디즈니랜드를 다 보지 못했다는 아쉬움은 남는다. 며칠 예정으로 오는 방문객들도 사정은 크게 다르지 않다고 한다.

여러 번 디즈니랜드를 가게 되어도 비슷한 느낌이다. 이런 여백餘白의 아쉬움을 갖게 하는 게 현 디즈니랜드의 가격 정책이다.

라스베이거스와 애틀랜틱시티

미국의 '라스베이거스'와 '애틀랜틱시티' 두 도시를 떠올리면 그 이미지는 대동소이大同小異할 것이다. 둘 다 카지노 도박의 메카로서 지금도 전 세계에서 찾아오는 사람들로 북적대고 있다. 1931년에 합법화된 라스베이거스 카지노 도박은 로스앤젤레스 등 남가주를 수요처로 가지고 있고, 1978년에 시작된 뉴저지 주 애틀랜틱시티 카지노 도박은 뉴욕과 필라델피아 지역의 대규모 수요처를 가지고 있다. 도박의 잠재적 시장은 애틀랜틱시티가 훨씬 더 크다.

서부 사막 한 가운데 세워진 기적의 도시 라스베이거스, 그리고 동부 해변 휴양지였던 애틀랜틱시티. 이 두 도시를 비교해 볼 때 카지노 도박의 규모면에서는 애틀랜틱시티가 라스베이거스에 상대도 되지 않는다. 애틀랜틱시티의 도박 역사는 30년이 안 되는 반면, 라스베이거스의 도박 역사는 이미 75년을 넘어서고 있기 때문이다.

그러나 라스베이거스와 애틀랜틱시티를 직접 가보면 두 도시가 대동소이할 거라는 생각이 틀렸다는 것을 금방 알 수 있다.

소위 번쩍거리는 도시(tinsel city), 라스베이거스는 화려했던 밤이 끝나고 아침에 사막모래가 굴러다니는 것을 볼 때면 카지노만을 위해 존재하는 '모래성'이라는 허망감을 감출 수 없다.

애틀랜틱시티는 바닷가 보드워크(판자를 깐 산책로)를 따라 단선 單線으로 서 있는 카지노 천국을 벗어나면 바로 슬럼가가 나타 난다. 이곳 카지노는 도시와 관계없는 산업이고, 사실은 카지노 산업이 도시 슬럼화에 기여하고 있다고 말해도 과언이 아니다.

애틀랜틱시티 카지노는 지역경제 개발에 기여하는 대신 기존 비즈니스로부터 자원을 빼앗아 가는 역할을 한다. 해변 휴양지용 호텔들이 카지노용 호텔로 재개발되었고, 주변 식당 과 술집들은 카지노의 음식 및 음료 서비스 때문에 멸종되고 있다.

라스베이거스가 있는 네바다 주에 도박이 허용되었을 때, 그 시절만 해도 네바다의 기존 산업이라 하면 광산과 목장 정 도밖에 없었다. 미 서부지역의 소규모 주에 불과했던 것이다. 반면 뉴저지 주는 동부의 큰 주로서 다양한 산업기반을 가지 고 있었다. 따라서 1980년대 말까지만 해도 카지노 도박, 경마, 주 복권 수입 등이 주 예산에서 차지하는 비율은 6%에도 미치 지 못했다. 이런 두 주 사이의 경제적 차이로 말미암아 네바다 주에서는 도박이 긍정적 경제효과를 가져왔지만, 뉴저지 주에 서는 꼭 그렇지만은 않았다. 적지 않은 부분에서 부정적 영향 을 끼친 것이다.

또한 네바다 주 도박이 관광객을 상대하는 '수출' 산업인 반 면, 뉴저지 주 도박은 그 지역 주민이 많은 비중을 차지했다. 라스베이거스 고객이 며칠 정도 머무는 관광객인 반면, 애틀랜틱시티 고객은 당일치기 고객이 많았다. 카지노 고용인들도 교외에서 출퇴근하는 애틀랜틱시티 카지노는 바닷가에 위치한 섬인 셈이다.

이들을 종합해 보면 라스베이거스와 애틀랜틱시티의 차이가 여실히 드러난다. 라스베이거스가 카지노와 그에 관계된 사람들로 이루어진 도시라면, 애틀랜틱시티는 카지노와 도시가 기름과 물처럼 극명하게 나뉜 그야말로 소동대이小同大異한 '두 도시 이야기'이다.

노스다코타

미국 지도를 반으로 접으면 가운데 세로줄이 생기는데, 그 줄의 맨 위쪽에 노스다코다 주가 있고, 그 줄이 통과하는 곳에 보통 노스다코타 제일의 도시 '파고'가 위치해 있다. (마크 트웨인이 파고에 대하여 한 말이라는데 그 출전은 확인하지 못했다.)

파고는 미시시피 강 상류에 위치한 도시로서 강 너머가 바로 미네소타 주이다. 그곳은 '무어헤드'라고 하는데, 통틀어 인구가 10만 명을 훨씬 넘는다. 파고는 노스다코타 주의 가장 동쪽에 있으면서 북쪽으로 쭉 올라가면 캐나다로 들어간다. 파고에서 서쪽으로 가면 노스다코타의 주도인 비즈마크를 거쳐 몬태나 주로 넘어 간다. (1876년 커스터 대령이 이렇게 몬태나로 넘어 갔다가 부대원 210명과 함께 그곳에서 인디언들에게 전멸을 당했다.)

또 남쪽으로는 얼마 가지 않아 사우스다코타 주를 만나나, 양 다코타 간에 별 관계는 없다. (다코타 테리토리가 미합중국으로 편입되어 노스와 사우스다코타 주로 된 것은 1889년이다.)

오히려 미네소타 주의 영향을 많이 받으며 캐나다인들이 쇼핑과 의료서비스 때문에 많이 내려온다.

미국 최초의 국립공원인 옐로스톤에서 발원한 강이 몬태나 주를 가로질러 노스다코타 주 서쪽을 거쳐 아래로 내려가 미시시피 강을 만난다. 나는 지난 1980년대 후반에 이곳에 들렀다가 황당한 경험을 했었다. 분명히 지도에는 도시 표시가 있었는데 가보니 아무 것도 없었다. 예전에 강을 오르내릴 때 있었던 도시들이 철도가 생기고, 각 주를 잇는 고속도로가 만들어지자 없어진 것이다. 노스다코타 서쪽은 인구가 드물다 보니 지도 회사에서 제 때에 수정 작업을 하지 않은 것이다.

또 이런 일도 있었다. 한때 연방정부 재정 적자에 대한 관심이 고조되었을 때, 한 방송국이 미국인을 대상으로 연방정부 부채를 갚을 방안을 조사했었다. 그때 노스다코타 주를 외국에 팔아 빚을 갚는 방안이 1위를 차지한 적이 있었다. 미국인들이 잊어버릴 만하면 한 번씩 겨울에 언급되어(추운 날씨 때문에), 노스다코타 존재가 상기되기 때문이었을 것이다.

겨울 이야기가 나왔으니 말인데, 노스다코타의 특성은 겨울에 나타난다. 북극과 파고 사이에는 파고공항 관제탑밖에 없으니, 북극의 찬바람이 캐나다의 빙판을 거쳐 그대로 불어 내려온다. 눈도 바람과 함께 오니 흔히 생각하는 함박눈은 없다. 다만 끊임없이 은빛 눈들이 내린다. 평지에 내린 눈들은 횡횡하다 방해 벽을 만나면 그 자리에 눈 벽을 쌓는다. 영화 〈닥터 지바고〉에 나오는 칼날 같은 눈 벽들이 여기저기서 생겨난다.

1년의 반이 겨울이므로 노스다코타 사람들에게 눈은 생활의 일부다. 눈이 계속 내리면 파고의 중심가는 밤새도록 제설기가 돌아다니며 눈을 치운다. 워낙에 눈이 많이 내리니 어떻게 치워야 할지 너무도 잘 알고 있다. 이 점이 평소에 눈이 거의 오지 않는 애틀랜타에 많은 눈이 내리면 혼잡이 빚어지는 것과 다른 점이다.

그러나 중심가 양쪽에 쌓여 있는 눈 벽 때문에 자동차로 우회전하기가 쉽지 않다. 한 번 내린 눈들이 겨울이 끝날 때까지 녹지 않기 때문에 길 옆 눈 벽은 맨 밑에서부터 11월에 내린 눈, 12월에 내린 눈…, 이런 식으로 계속 쌓여 있어 다가오는 차들을 볼 수가 없기 때문이다.

다코타의 겨울은 고드름이 없다. '삼한사온三寒四溫' 식으로 춥다가 따뜻하기를 반복해야, 즉 겨울 날씨가 좀 풀려야 고드름이 생기는데, 다코타는 그런 현상이 생기지 않는다.

한편 노스다코타 주는 인구가 60만 명을 조금 넘는다. 인구 비례에 의한 연방 하원의원은 1명, 그러나 연방 상원의원은 2명을 뽑는다. 이런 현상은 사우스다코타, 몬태나, 아이다호, 알래스카 주 등도 같다.

정치적으로 '도덕적 해이' 현상은 주민들의 보수적 성향과는 딴판으로 이들 선출직 연방의원들은 민주당 출신이 압도적이다. 연방정부 예산을 따오는 게 '장땡'이므로 그를 위해서는 민주당 출신이 비교우위를 갖고 있다고 생각하는 것 같다.

또한 노스다코타 주 역시 '블루 로(Blue Law: 엄격한 법으로 일요일에 일과 오락을 금한다)'는 폐지되었지만, 술을 사서 그 자리에서 마셔야 되는 '온 세일(On Sale)'과 술을 사서 집으로 가져갈 수 있는 '오프 세일(Off Sale)' 구분이 엄격하다.

지난 1980년대 중반까지만 해도 일요일에는 가게 문을 닫는

게 원칙이었으나, 그 뒤 변화가 생겨 일요일에도 가게 영업을 할 수 있게 되었다. 단 종업원을 6명 이상은 쓸 수는 없게 하였다. 그 결과 대형 마켓은 가정용품 등 소위 잘 상하지 않는 상품이 있는 통로는 막아 놓았다.

이러한 태도가 후진적이냐 보수적이냐, 독립적이냐 하는 것은 각자의 가치 판단에 맡기기로 하고, 여기서 파생된 부산물 하나를 소개한다. 자동차가 처음 나왔던 초창기에 미국의 자동차 딜러들은 겨울에는 사업을 접었었다. 아직 비포장도로가 많아서 여러 모로 사정이 여의치 않았고, 당시만 해도 겨울에는 자동차가 작동되지 않는 경우가 많았기 때문이다.

그런데 다코타에 있는 한 소규모 포드 딜러는 겨울철에도 계속 본사로 주문을 보내왔다. 이를 이상하게 여긴 포드사 판매 매니저가 그 딜러를 직접 방문했다. 확인 결과 그 딜러는 다른 지역의 딜러들이 추운 겨울철에는 자동차를 판매하지 않는다는 사실을 모르고 있었다. 여기서 새로운 판매전략을 얻은 포드사는 그 딜러의 겨울철 자동차세일 방법을 벤치마킹했다. 그로부터 몇 년 뒤 상황은 완전히 달라졌고, 비수기였던 1월이 자동차 판매량이 가장 많은 달이 될 수 있었다.

영어시간에 우리는 'overseas'라는 단어는 'foreign'을 의미한다고 배웠을 것이다. 둘 다 '외국'이라는 뜻을 갖고 있다. 따라서 'go overseas'는 '외국에 가다'라는 말이다. 말 그대로는 '바다 건너'이다. 따라서 노스다코타 입장에서는 하와이가 'overseas'이고, 외국인 캐나다는 오히려 'overseas'가 아니다.

하와이 회의에 참석했을 때 나온 이슈였는데, 뜻만 갖고 생각한다면 잘못된 말은 아니었다. 게다가 노스다코타 주민 입장에서는 지리적으로 가까운 캐나다가 바다 건너 멀리 있는 하와이보다 어쩌면 더 같은 나라처럼 생각될지도 모른다.

모파상

40대 초반에 세상을 떠난 모파상이 작품 활동을 한 기간은 대략 10여 년에 불과하다. 그동안 그는 300여 편의 단편소설을 썼는데, 대부분 30대에 남긴 주옥같은 작품들이다.《여자의 일생》같은 장편소설을 빼고도 매년 단편소설만 30편 이상을 쓴 셈이다. 그의 단편소설들은 결론의 의외성으로 인해 흔히 콩트conte라고도 한다.

다음은 그중 누구나 알고 있는 그의 단편소설《목걸이》의 줄거리다.

사치스런 생활을 동경하는 한 젊은 하급 공무원의 아내가 어느 날 무도회 초대장을 받는다. 허영심 많은 그녀는 좋은 옷에 화려한 장신구를 달고 무도회에 가고 싶었다. 투덜대는 그녀에게 남편은 자신의 비상금을 털어 비싼 옷을 사주지만 그녀의 욕심은 끝이 없다.

결국 친구의 다이아몬드 목걸이를 빌려서 멋지게 차려입고 무도회에 간 그녀는 그곳에서 그만 목걸이를 잃어버린다. 하는 수 없이 3만 6천 프랑을 주고 똑같은 목걸이를 사서 친구에게 돌려준 그녀는 빚으로 남은 목걸이 값을 갚느라 갖은 고생을 다한다.

10년에 걸쳐 빚을 겨우 다 갚은 어느 날, 길에서 우연히 그 친구를 만난 그녀는 놀라운 사실을 듣는다. 그때 빌린 친구의 목걸이가 겨우 5백 프랑 짜리 가짜 다이아몬드 목걸이였음을.

비슷한 내용의 또 다른 모파상의 작품으로 《보석》이 있다.

예쁘고 알뜰한 한 하급 공무원의 아내가 있었다. 그녀는 연극을 보는 걸 좋아했고, 가짜 보석을 모으는 취미를 갖고 있었다.

어느 날 연극을 보러 갔다가 감기에 걸린 그녀는 며칠 뒤 급성 폐렴으로 죽는다. 그리고 얼마 뒤 살림이 쪼들리게 된 그녀의 남편은 아내가 수집했던 5, 6프랑 정도의 값이 나가는 가짜 목걸이 하나를 가지고 보석상으로 간다. 그런데 그 목걸이는 그 보석상이 2만 5천 프랑에 팔았던 것이었다. 도무지 믿을 수 없었던 남편은 그녀가 애지중지하던 '가짜 보석'들을 전부 보석상에 가져가 감정을 받는다. 놀랍게도 그것들은 모두 그녀가 선물로 받은 고가의 진짜 보석들이었다. 나중에 그것들을 모두 내다 판 남편의 손에는 무려 20만 프랑이 들려졌다.

소설 《목걸이》에서는 진짜로 알았지만 가짜 목걸이였고, 《보석》에 나오는 가짜 목걸이는 사실은 진짜였다. 반면 각 작품에 나오는 아내를 보면 《목걸이》에서는 '진짜 여인', 《보석》에서는 '가짜 여인'으로 생각해 볼 수 있다. 이 분류를 다음과 같이 정리해 보자.

⊙ 모파상 소설 분류 (표 1)

보석		여자	
		진짜	가짜
	진짜		보석
	가짜	목걸이	

모파상이 〈표 1〉과 같은 매트릭스 관계를 그리지는 않았겠지만, 천재였던 그는 머릿속에 그런 생각을 갖고 있었음에 틀림없다. 짧은 기간에 다작이 가능했었던 한 이유가 아닌가 싶다.

또한 그의 단편들에 있어서 결론의 의외성도 위의 표를 통해 엿볼 수 있다. 그의 소설들은 '진짜 보석/진짜 여자' 또는 '가짜 보석/가짜 여자'처럼 상식적인 조합에 대해서가 아니다. '가짜 보석/진짜 여자(목걸이)'와 '진짜 보석/가짜 여자(보석)'과 같이 엇나간 관계가 모파상 소설의 소재이며, 그 엇나감이 소설의 끝에서 밝혀지는 것이 특징이다.

소설 《목걸이》의 서두에 이런 이야기가 나온다.

여자란 신분이나 가문이 문제가 아니라, 우아하고 아름답고 매력만 있으면 얼마든지 훌륭한 혈통과 가문을 대신할 수 있다. 바탕이 아름답고 천성이 우아하고 마음씨가 부드러우면, 그

것으로 능히 특권계급이 될 수 있는 법이다. 따라서 평민의 딸이라 할지라도 얼마든지 귀족의 딸들과 어깨를 겨룰 수 있다.

소설 《보석》은 이렇게 끝난다.

6개월 뒤에 그는 재혼했다. 그의 두 번째 부인은 매우 정숙한 여인이었으나, 성질이 아주 고약했다. 그는 그녀 때문에 매우 불행했다.

모파상의 《침실에서》라는 작품을 〈표 2〉를 이용하여 논의해 보자.

◉ 모파상 소설 《침실에서》 (표 2)

	돈 지불 있음	돈 지불 없음
결혼생활	I	II
혼외정사	III	IV

〈표 2〉는 '침실 행위'를 먼저 상하로는 '결혼생활'과 '혼외정사'로 구분하고, 좌우로는 남자가 돈을 지불하느냐 여부로 나눈다.

이 작품에 따르면 결혼생활은 〈표 2〉에서 면 II에 속하고, 남성들의 외도는 면 III이라는 것이다.

소설 속의 부인은 바람둥이 남편에게 "자기에게도 돈을 지불하라"고 요구한다. 즉 〈표 2〉의 면 II에서 면 I로 옮길 것을 요구한 것이다. 그렇게 되면 면 Ⅲ에 있던 남편의 바람기도 면 Ⅳ로 옮겨져 매력을 잃게 된다는 것이다.

소설은 부인이 남편에게 이렇게 말하면서 끝난다.

"만약에… 만약에 당신이 만족하게 된다면… 가격 인상을 요구할게요."

경제학의 기본적인 원칙이 무엇일까? 흔히 돈을 받은 일은 하고, 받지 않으면 안 하는 것이라고 대답한다. 이 점을 미국 경제학자 스티븐 랜즈버그는 자신의 책 《안락의자의 경제학자》에서 다음과 같이 적확하게 말한다.

"사람들은 유인에 반응한다. 나머지는 다 해설에 불과하다."

이 점을 모파상은 자신의 글 속에 담아냈다. 즉 인간이 가장 관심을 가지고 있는 분야 중의 하나인 성性 문제를 소재로 하여 우리에게 선물한 것이 바로 《침실에서》이다. 그의 천재성이 유감 없이 발휘되었다 해도 과언이 아니다.

6

'평평하지 않는 세상'에서 '이상향'으로

이편에는 죄의 모든 기억을 지우는 힘이, 저
편에는 선행의 기억을 새로이 하는 힘이 강
물과 함께 흐른다. 강 이쪽은 레테, 저쪽은
에우노에. 양쪽 물을 다 맛보아야 만 효력이
있다.

　　　　　　　　　—단테, 《신곡》〈연옥 편〉

몰려 있는 경쟁자들

피서객들로 북적대는 해수욕장에 똑같은 아이스크림을 파는 2명의 장사꾼이 있다. 1킬로미터쯤 쭉 뻗어 있는 바닷가에서 그 2명은 각각 어느 곳에서 아이스크림을 팔고 있을까?

모르긴 해도 2명 모두 바닷가 중앙에 나란히 붙어 있을 것이다. 서로 얼굴을 붉히게 될지도 모를 경쟁자들이 함께 붙어 있다는 사실이 얼른 납득되지 않을 수도 있겠다.

위치경제학 논리는 이렇다. 두 사람 모두 바닷가 한쪽 귀퉁이를 각각 차지하고서 아이스크림을 판다면, 그들은 서로 부딪치지 않고 양쪽의 고객들을 공평하게 나눠 가졌을 것이다.

하지만 그들은 중앙의 고객들을 향해 점차 영업력을 확장하게 되고, 곧 바닷가 중앙에서 만나게 된다. 가운데 지점이 자신의 고객을 최대한으로 확보할 수 있는 곳이기 때문이다.

미 대륙횡단 철도의 중심은 동부나 서부가 아닌 시카고 등의 중서부 지역이다. 또한 주유소, 서점, 보석상, 극장 등도 경쟁업체들이 한곳에 몰려 있다. 위치경제학의 논리를 충실히 따른 결과이다.

예컨대 한 도시의 중심가에서 주유소가 북쪽에 위치하게 되면 도시의 북쪽 주민들은 고객으로 확보할 수 있지만 남쪽 주민들은 잃게 된다. 남쪽에 있는 주유소도 사정은 마찬가지다. 그래서 두 주유소 모두 중심가의 한복판에 위치하게 된다. 더 많은 고객을 차지하기 위해서.

라스베이거스로 가는 15번 고속도로 주변에 위치한 캘리포니아의 마지막 타운, 베이커의 중앙에는 주유소와 식당들이 모두 몰려 있다. 위치경제학에서 예측한 것처럼 도시 중심에 가게들이 몰려 있는 것이다.

이런 위치경제학 논리를 가장 잘 터득한 사람들은 다름 아닌 공화 / 민주 양당제 하의 미국 정치인들이다. 극우파 정치인은 극우파는 물론 우파 성격의 유권자까지 이미 확보했으므로 점점 중도中道 성향의 유권자들을 파고든다. 반면 좌파 정치인은 이미 확보된 좌파 성향 유권자들을 넘어서 중도 성향의 유권자들에게 손을 내민다. 결국 양쪽 후보의 공약이 비슷하게 된다.

위치경제학 논리는 아침식사용으로 즐겨 먹는 시리얼에도 적용시킬 수 있다. 예컨대 시리얼 당도를 높이거나 낮출 때, 단맛의 정도에 따라 고객 선호도가 달라진다. 너무 달거나 밍밍하면 고객층이 한쪽으로 한정될 수밖에 없다. 따라서 각종 시리얼의 당도는 중간 정도에서 비슷하게 수렴된다. 스낵류인 감자칩들이 서로 비슷한 지방 성분을 나타내는 것도 같은 이치이다.

또한 영화의 경우에도 모든 연령의 관객들이 어울려 볼 수 있는 작품에 중점을 두는데, 영화 심의과정에서 원하는 등급을 얻기 위해 애써 찍은 장면을 삭제하기도 한다. 더 많은 관객에게 보여야 영화가 성공할 수 있기 때문이다.

비행기의 출발시간 역시 하루 중 승객들이 가장 편리하게 이용할 수 있는 시간대에 몰린다. 이른 새벽이나 밤늦게 출발하는 비행기는 빈 좌석이 생길 가능성이 그만큼 높다.

위치뿐만 아니라 제품의 특징, 고객의 특징, 서비스의 제공 시간 등에 적용된 예를 들어 보았다.

우리는 비즈니스 특성에 따라 자신의 비즈니스 위치를 점검할 수 있다. 물론 하나의 기준뿐만 아니라 여러 기준들을 동시에 적용시켜서 비즈니스의 경쟁적 위치를 좀 더 포괄적으로 파악할 수도 있을 것이다.

그렇다면 위치경제학 논리를 역적용하면 어떨까? 치열한 경쟁 속으로 뛰어들기보다 한쪽 귀퉁이에 확고하게 자리 잡고서 이미 확보된 고객에만 주력하는 것이다. 이것을 우리는 틈새시장(niche market) 전략이라고 한다.

앞에서 예로 들었던 아이스크림 장수의 경우, 내가 만약 바닷가 한쪽 귀퉁이에만 머물고 있으면 상대방이 해변 중앙을 넘어 내 근처로 다가올 것이다. 내가 좌우로 10씩 총 20을 차지하는 틈새전략이면 상대방은 10, 70씩 80을 먹게 된다. 내가 좌우로 5, 5씩 10을 먹을 때는 상대방이 5, 85씩 90을 갖게 된다.

아이스크림 장수의 경우, 앞에서 우리는 편의상 두 사람이 같은 아이스크림을 팔고 있어 고객들이 가까운 아이스크림 장수에게 간다는 암묵적인 가정을 했다. 고객이 아이스크림을 사는 선택의 기준은 위치상의 편리성뿐이었다.

하지만 두 사람이 각각 다른 아이스크림을 팔고, 따라서 아이스크림 값이 다르다면 어떻게 될까? 여기서는 제품의 차별화가 고려의 대상이 된다.

고객들은 위치에 따른 편리성에 아이스크림 값을 더해 마음에 드는 제품을 선택할 것이다. 비록 거리는 멀어도 총비용이 저렴한 아이스크림 장수에게 갈 것이다. 여기서 각각의 아이스크림 장수에게 가는 데 따르는 비용이 제품(서비스) 차별화에 따른 비용이라 할 수 있다.

현실적으로 가게의 위치가 먼저 결정된 경우에는 그에 따른 그 가게의 대고객 경쟁적 위치를 결정할 수 있다. 정면대결이냐, 틈새시장 전략이냐, 아니면 차별화 전략이냐? 어떻게 결정할지는 그 가게가 가진 경쟁력에 달려 있다. 바로 이 점이 위치경영의 핵심이다. 따라서 위치경영은 자기 비즈니스가 다른 비즈니스와 비교하여 어떤 경쟁력을 가지고 있는지를 끊임없이 상기시켜 주는 모형(model)이다.

뉴욕 맨해튼 미드타운의 근대미술관 앞에는 프레즐을 파는 사람들이 많다. 당연히 그곳에 손님들이 많기 때문이다. 당연히 팔기 위한 경쟁도 치열하다. 하지만 그곳에서 반 블록만 떨어진 곳에 가면 프레즐 장수를 거의 찾아볼 수가 없다.

만약 조금 색다른 프레즐을 만들 수 있다면 경쟁을 피해 자리를 옮겨도 찾아오는 손님들이 있을 것이다. 이런 경우가 제품이나 서비스의 차별화다. 프레즐의 경우라면 맛이 더 좋거나, 종류가 다양하거나, 가격이 더 싸거나, 서비스가 더 친절하거나 하는 것들이 해당될 것이다. 이렇게 보면 제품의 차별화 경쟁을 피할 수 있게 하고, 나아가 경쟁을 이길 수 있는 능력인 것이다.

로스앤젤레스 다운타운 힐 스트리트에는 보석상들이 몰려 있다. 산이 있으면 등산객들이 몰리듯, 그곳에 보석상들이 밀집해 있으므로 고객 역시 모여든다. 그곳을 찾는 고객들은 "여러 보석가게에서 다양한 종류의 보석들을 서로 비교해 보고 고를 수 있을 거"라는 생각을 한다.

가게가 많으면 경쟁이 치열해져 바가지를 쓸 염려도 줄어든다. 그리고 보석상들은 몰려온 고객들을 두고 경쟁을 벌인다. '파이'를 나누는 것이다. 파이를 나누려면 먼저 이것을 키워야 하는데, 보석상들이 몰려 있어 파이가 커질 수 있다.

하지만 파이를 나눌 때의 경쟁은 더 치열해질 수밖에 없다. 이런 경쟁을 피하기 위해 그곳을 떠난다면, 예컨대 한인타운으로 가게를 옮긴다면 먼저 전체 파이의 크기가 줄어들 것이다. 나아가 이제는 고객들이 일부러 여러분의 보석상을 찾아와야 한다. 즉 고객들이 특정 보석상을 찾아오기 위한, 소위 '목적지 쇼핑(destination shopping)'을 해야 한다.

문제는 어떻게 하면 고객들로 하여금 다운타운이 아니라 한인타운의 내 가게로 오게 할 수 있느냐, 즉 내 보석상으로 끌어올 수 있는 경쟁력이 무엇이냐 하는 것이다. 그것은 제품의 차별화와 서비스의 차별화로 가능해질 수 있다. 이런 차별화 능력이 있을 경우에는 다운타운의 치열한 경쟁을 피해 빠져나올 수가 있다. 물론 고객이 다운타운에 가지 않고 여러분의 보석상을 일부러 찾아오는 것은 그가 만족할 만한 유인이 있기 때문일 것이다.

사실 이 점은 고객을 상대로 하는 모든 비즈니스 조직의 핵심이다. 어느 비즈니스 조직도 제품 내지 서비스 차별화가 존재 이유이며, 이런 차별화 능력을 가지고 있기 때문에 경쟁을 피할 수 있거나 이길 수 있다. 또한 더 높은 가격을 책정할 수 있는 가격경쟁력이 생긴다.

이런 차별화된 경쟁력이 없을 때는 가게가 많이 모여 있는 곳이 유리하다. 역설적으로 불나방이 불빛을 보고 모여들 듯이, 경쟁 속으로 뛰어드는 것이 매출을 올리는 한 방법이라는 게 위치경제학 논리이다. 제품이나 서비스의 가격이 고정적이어서 가격 차이가 없는 경우라면 말이다.

반면 제품이나 서비스에 차이가 있다면 꼭 모여 있을 필요가 없다. 가격에서 경쟁력이 있기 때문에 다른 가게와의 경쟁을 피해 가거나 이길 수 있다. 제품이나 서비스 가격이 신축적이라면 오히려 경쟁에서 멀어질수록 더 유리할 수도 있다.

우공이산

편의상 일본은 산꼭대기에 있고, 미국은 산 아래에 위치해 있다고 가정하자. 두 나라는 제품을 서로 사고파는 관계다.

그런데 위치상 일본에서 미국으로 제품을 보낼 때와 미국에서 일본으로 제품을 보낼 때의 방법이 현저히 다르다. 일본 제품은 미끄럼틀에 올려놓기만 하면 저절로 미끄러져 내려가 미국으로 수출할 수 있다. 반면 미국은 짐꾼이 제품을 지고 산을 올라야 만 일본으로 수출할 수 있다.

한마디로 일본은 천혜의 지형을 갖고 있고, 미국은 아주 불리한 위치에 놓여 있다. 미국의 관점에서 보면 일본과의 국제교역에 있어 매우 '불공평'한 상태이다. 따라서 미국은 이런 국제교역 불공평성을 해결하기 위하여 현대판 '우공이산愚公移山', 즉 평평한 운동장(level playing field) 만들기를 시도하고 있다.

일본과 미국이 각각 산꼭대기와 산 아래에 위치한 경우, 제품을 지고 산 위로 올라가는 수고는 누가 해야 하는가? 또 그 비용은 누가 지불해야 하는가? 다들 미국이라고 답할 것이다. 그러나 꼭 그래야 만 하는 것은 아니다.

예를 들어 미국 제품은 '공급 부족'이고, 일본 제품은 '공급 과다'라고 하자. 또한 일본인들의 미국 제품 수요는 높은 반면, 미국인들의 일본 제품 수요는 적다고 하자. 이 경우 미국 제품을 산 위로 운반하는 데 드는 비용은 일본이 지불하게 된다. 즉 각 나라 제품 수요와 공급의 탄력성에 달려 있는 것이다.

미국인들의 일본 자동차 수요가 낮은 반면 일본인들의 미국 쇠고기 수요가 높으면, 미국 쇠고기를 산 위 일본으로 가져가는 데 드는 비용은 미국이 아니라 일본이 낸다. 즉 일본이 미국 쇠고기를 지고 산 위로 올라가는 것이다.

현실 세계에서 미국과 일본은 태평양을 사이에 두고 있다. 지형상 '평평한 운동장'이다. 그런데 이번에는 일본이 자기 나라 앞바다에 돌을 처넣어 항구로 들어오는 큰 배의 접근을 막는다고 해보자. 이에 미국은 일본이 인위적인 돌을 치우고 다시 항구를 개항할 것을 협상할 수 있다. 아니면 미국도 자기 나라 항구에 돌을 처넣어 일본 제품이 미국에 들어오는 것을 막을 수 있다.

두 조치 모두 일본이 그렇게 한 것은 공평한 국제무역 틀이 아니니 무역 틀을 공평하게 하자는, 소위 '평평한 운동장' 주장에 근거를 두고 있다. 그러나 교역 상대국이 자기 나라 항구를 봉쇄한다고 미국도 따라서 항구를 폐쇄하는 것은 분명 현명한 선택이 아니다.

더욱이 "이 세상에서 확실한 것은 '죽음과 세금'밖에 없다"고 천명한 벤자민 프랭클린이 "어느 나라도 교역으로 망한 적은 없었다"고 일찍이 갈파한 미국이다. 따라서 무역협상을 통해서 지형지물인 산과 같이 항구 봉쇄의 대가를 미국이 아니라 일본이 지불할 수 있는 점을 상기시켜야 할 것이다.

현실적으로 미국은 일본이 관세나 수입 쿼터 등 '무역장벽'을 높이 쌓고 있다고 비난한다. 물론 미국도 이에 대응하여 일본 제품에 수입관세 등을 부과하여 무역장벽을 같이 쌓을 수는 있다. 그렇게 되면 서로 무역장벽을 쌓게 된다는 점에서 이념적으로 공평한 '평평한 운동장'이 가능하다.

그러나 본질적으로는 일본 내 미국 제품의 수요가 높으면 일본이 아무리 무역장벽을 높이 쳐도 미국 제품의 일본 수입을 막지 못한다. 마찬가지로 미국 내 일본 제품의 수요가 많으면 미국이 아무리 막아도 일본 제품이 들어온다.

산과 같은 지형지물과 관세와 같은 인위적 장벽 간에 본질적 차이가 있는 것은 아니다. 일본이 대미국 무역장벽을 시행해도 일본에서 미국 제품이 많이 팔리면 미국이 아니라 일본이 그 무역장벽 부담을 지게 된다. 마치 일본이 산 위로 미국 제품을 실어 나르는 것처럼.

한편 미국도 일본 조치에 상응하여 일본 제품에 수입관세를 부과하였다. 이때 만약 미국의 일제 수요가 높다면(따라서 미국의 일본 제품 수요가 지극히 가격에 비탄력적이라면), 수입관세 대부분을 일본이 아닌 미국 소비자들이 부담하게 된다.

근본적으로 두 나라 간의 국제무역은 왜 발생하는 것일까? 흔히 역사책에는 나라 간 잉여생산물이 존재하기 시작할 때부터 무역이 발생하기 시작했다고 기술하고 있다. 나라 사이의 잉여생산물 교환을 무역으로 보는 것이다.

그러나 무역은 잉여생산물과 관계되는 것이 아니라, 나라 사이에 제품 가격이 다를 때 발생한다. 즉 제품 가격이 싼 나라에서 비싼 나라로 옮겨서 이익을 취하는 행위인 것이다. 물론 그 가격 차이가 제품의 수송비, 보험료, 환율 등 '국제 운송비'를 감안하고도 충분하여야 무역이 발생할 것이다.

태평양을 사이에 두고 있는 미국과 일본의 경우도 마찬가지다. 일본에서 미국 제품 수요가 많아 이익이 가능하다면 일본은 태평양을 몇 번이라도 건너 실어 나를 것이다. 아무리 높은 산 위에 일본이 있다고 하더라도 이익(운반비를 감안한 이익)만 생긴다면 기꺼이 미국 제품을 등에 지고 산을 오를 것이다. 이 점은 항구 봉쇄나 관세 등 인위적 무역장벽에도 똑같이 적용된다.

역 사

흔히 영웅이 세상을 만든다고 한다. 톨스토이는 "역사가들조차 위대한 인물들에게 관점을 고정시키고, 역사적 사실을 영웅담 따위로 치장하려는 습관에 빠져 있다"고 비난했다. 독일 시인 베르톨트 브레히트는 〈어느 책 읽는 노동자의 의문〉이라는 시에서 바로 이 점을 잘 비유하고 있다.

누가 일곱 개의 성문이 있는 테베를 세웠는가?
책에는 왕들의 이름만 잔뜩 씌어져 있는데
정말 왕들이 그 무거운 돌들을 메고 올라갔을까?
수없이 파괴된 바빌론-
그때마다 도시를 재건한 사람들은 누구였을까?
리마의 황금 집들.
금빛으로 번쩍이는 그곳에 과연 그 집을 지은 사람들이 살았을까?
만리장성이 완성되던 날 밤,
석공들은 어디로 갔을까?

황제가 군림하던 로마,

온통 개선문들로 가득했지.

그런데 누가 그것들을 세웠을까?

시저의 승리는 누구에 대한 승리였을까?

언제나 노래가 흘러넘쳤다는 비잔티움,

그 곳엔 궁전뿐이었을까?

전설에 나오는 아틀란티스 대륙,

바다가 몰려들던 그날 밤,

물에 빠져 허우적대면서도 노예한테 명령을 내리던 사람들.

젊은 알렉산더 대왕은 인도를 정복했다지.

그가 혼자서 해냈을까?

시저가 갈리아 군대를 물리쳤다는데,

그의 군대에는 요리사가 한 사람도 없었을까?

스페인의 필립 왕이 눈물을 흘렸다는데,

무적함대를 잃은 그날,

다른 사람의 눈에서 흘러내린 눈물은 없었을까?

프리드리히 대왕이 7년 전쟁에서 이겼을 때,

그와 함께 승리를 기뻐한 사람은 누구였을까?

한 장을 넘길 때마다 나오는 승리의 역사들.

누가 그 승리의 대가를 치렀을까?

10년마다 출현하는 위대한 인물들.

누가 비용을 댔을까?

그 많은 사실들.

그 많은 의문들.

시저가 요리사를 포함한 그의 군대를 이끌고 갈리아 군대를 물리쳤다는 역사 기술은 시저의 지도력에 초점을 맞춘 것이다. 다른 왕들도 대부분 지도자로서 역사에 이름을 올리고 있다. 이런 형의 지도자는 민초(백성)들을 지도하는 것이 특징이다. 왕이 단순히 명령을 내렸을 뿐이라고 생각할 수도 있지만, 《군주론》을 쓴 마키아벨리는 왕에게도 '조작'의 필요성이 있음을 강조했었다.

현대의 리더들도 마찬가지다. 예수는 카리스마만으로 추종자들을 이끌 수 있었지만, 현대의 지도자에게는 구성원들이 함께 나아갈 수 있는 비전의 제시가 필수불가결한 요소가 되어가고 있다. 이러한 지도자와 구성원 간의 유기적 관계에 대한 고려가 없는 역사 기술은 공허한 메아리일 뿐이다.

이런 역사는 실제 일어났던 일이라기보다 역사가가 중요하다고 생각한 것의 기록에 불과하다. 김광규 시인의 작품 속에 이 결과가 풍자되어 있다.

한 줄의 시는 커녕

단 한 권의 소설도 읽은 바 없이

그는 한평생을 행복하게 살며

많은 돈을 벌었고

높은 자리에 올라

이처럼 훌륭한 비석을 남겼다.

그리고 어느 유명한 문인이

그를 기리는 묘비명을 여기에 썼다.

비록 이 세상이 잿더미가 된다 해도

불의 뜨거움 굳굳이 견디며

이 묘비는 살아남아

귀중한 사료史料가 될 것이니

역사는 도대체 무엇을 기록하며

시인은 어디에 무덤을 남길 것이냐.

- 묘비명墓碑銘

이 문제점에 대해 시적 표현이 탁월했던 키에르케고르는
이렇게 말하였다.

"레포렐로 같은 학식 있는 문필가들은 돈 후안의 여성 목록
을 작성하지만, 중요한 점을 그들은 빠뜨리고 있다. 돈 후안은
여자들을 유혹하여 즐겼지만, 레포렐로는 그 시간과 장소를 기
록하고 관계를 가진 여성을 묘사해 놓는 것뿐이다."

관광

"여행은 인생에서 가장 슬픈 즐거움 중의 하나다. 낯선 나라를 돌아다니면서 당신이 알아듣지 못하는 말을 들으면서, 당신의 과거나 미래와 전혀 관계가 없는 사람들의 얼굴을 보는 것은 평정 없는 고독이며, 품위를 세울 수 없는 고립이다."

여행이란 '나'가 뜻밖의 낯선 상황에 뛰어들어 예기치 못한 것을 보고 느끼는 행위라고 나름대로 정의해 보면, 인생에서 가장 슬프면서도 즐거운 경험 중 하나라는 말도 선뜻 이해가 된다.

우리는 왜 여행을 떠날까? 아마도 새로운 환경에 직접 부딪쳐 생각지 못한 경험을 하고, 그것을 통해 몸소 체험하고 배우고자 함일 것이다. 소위 말하는 '자기 자신'의 발견인 셈이다.

하지만 오늘날 우리는 이러한 전통적 의미인 여행자라기보다는 관광객에 불과해질 가능성이 크다. 어쩌면 대부분의 우리는 전통적 의미의 여행자가 될 수 있는 여유를 잃어버렸는지도 모른다. 관광의 편의성이 현대인의 실정에 부합하기 때문이다.

빈틈없이 꽉 짜인 일정, 소소한 것까지 알려 주는 안내책자,

다양한 정보를 제공하는 관광가이드, 어디든 실어 나르는 관광버스, 그리고 갔다온 흔적을 남기는 사진 촬영…. 이 모든 것은 방문국의 문화와 의미 있는 접촉을 불가능하게 한다. 그래서 스스로 그 문화로부터 배울 수 있게 하기는 커녕 그 문화 자체를 스스로 깨달을 수 있는 기회조차 박탈하고 있다. 마치 연극 공연을 보는 관객처럼, 여행자가 아니라 관광객으로 전락해 버리는 것이다. 여행 책을 읽는 것보다는 낫겠지만, 그래도 진정한 경험을 한다고 보기는 어렵다.

이런 관광에서 우리는 자기 자신을 발견하기는 커녕 여행의 목적까지 잃어버린다. 일부러 수만 킬로미터를 날아가서 하는 일이 고작 카메라 렌즈에 제 얼굴 담기다. 유명 관광지에 가봤다는 증거를 남기기 위하여.

하지만 이렇게 자기를 짊어지고 다닌 사람은 여행 후 조금도 달라지지 않는다고 일찍이 소크라테스도 언급했듯이, 그런 관광은 피곤하기만 할 뿐이다.

교육에서도 그렇지만 올바른 배움이란 주입이 아니라 표출이다. 관광은 기껏 주입에 불과할 뿐, 절대 자신이 표출될 수 없다. 전통적 의미의 여행이 그런 자기계발의 계기를 제공해 줄 것이다. 따라서 바쁜 현대인에게는 자기 자신을 발견하는 여행이 점점 '자기 경영'이 되어 가고 있다. 역사학자 대니얼 부어스틴은 현대 관광을 일컬어 "소비자 주권 사회가 안전하지만 삭제된 엉터리 이미지를 제공하여 대중에게 현실보다는 가상의 이벤트를 파는 것"이라고 분석하였다. 관광의 문제점은 조작되고 절단되고 훼손된 경험밖에 얻지 못할 뿐만 아니라, 판단을 흐릴 선입관에 지배될 수 있다는 것이다.

최근 아프리카, 아시아 등의 제3세계를 여행하는 선진국 관광객들이 많아지고 있다. 그들은 새로운 문화를 접하고자 일부러 제3세계를 선택한 것이다. 그럼에도 문화적 제국주의에 사로잡혀 각 나라의 문화적 차이를 이해하기는 커녕 단순히 호기심을 충족시키는 수준에 머물렀다가 떠나는 경우가 대다수다.

경제적으로도 관광은 가난한 국가들에게 경제적 이득을 안겨 준다. 하지만 대다수 관광객들의 지출은 여행사 등 관광객이 출발하는 부자 나라들에 귀착된다. 단지 소수의 몇몇 현지 지배계층만 관광에서 경제적 이득을 얻는다. 그것도 일반 대중들의 희생을 통해. 대중들은 관광객으로 인한 물가 상승으로 곤란을 겪기 때문이다.

13세기 후반에 쓰인 《마르코 폴로의 여행기》도 실제 여행기록이라기보다는 선교사들의 기록들과 상인들, 특히 아랍과 페르시아 상인들의 동방교역 기록에 의존하여 쓴 여행 안내서일 가능성이 크다. 그 당시 일기 시작한 범세계적 여행에 대한 높은 관심 때문에 그런 여행서가 인기를 끌었을 것이다. 신대륙을 발견한 콜럼버스도 에스파냐를 떠나 아메리카에 도달했던 그 항해에 현재 영국에 보존되어 있는 폴로의 책을 가져갔었다. 아마도 그가 쿠바를 일본으로 착각하는 데 폴로의 책이 일조를 했을 것이다.

한편 순수한 여행, 즉 종교 혹은 교역 목적이 아닌 개인적 여행이 가능해진 것은 산업혁명 이후이다. 부어스틴은 19세기 중엽 대량 운송수단의 발전과 더불어 여행이 줄고, 관광이 증가하기 시작했다고 말한다. 이제 우리가 말하는 진정한 의미에서의 여행은 불가능해졌다고까지 말할 수 있다.

관광이 이제는 석유를 앞질러 세계에서 가장 큰 국제적 산업이 됐다. 관광은 여가나 문화 목적으로 나눌 수 있으며 문화관광은 박물관 방문, 성당 관찰, 피라미드 연구 등 자아교육을 통한 개인적 계발이 목적이라 할 수 있다.

여가관광이란 쾌락을 목적으로 7S, 즉 태양(Sun), 바다(Sea), 모래(Sand), 명소(Sights), 스키(Skiing), 크루즈 여행에서 춤(Swing on cruises), 성(Sex) 등과 연결되는 것이 현재의 압도적인 관광 형태다.

독일 시인 칼 부세는 시 〈산 너머 저쪽〉에서 이렇게 읊고 있다.

산 너머 저쪽에
행복이 있다기에
나도 남들 따라 찾아갔건만
눈물만 머금고 돌아왔어요.

사람들은 호기심이 많은 동물이다. 산 너머에 무엇이 있을까 궁금해 하고, 보고 싶어 하는 게 인간의 심리다. 이런 호기심이 사람들로 하여금 여행이든 관광이든 길을 나서게 한다.

하지만 산 너머 저쪽에서 무엇을 보기를 기대하고, 그곳에 갔을 때 무엇을 할 것인가, 하는 문제는 단순한 관광으로 해결할 수 없다. 원래 여행은 자신으로부터 출발하여 자기 자신으로 돌아오는 것이기 때문이다.

한 미국 민요는 이렇게 읊조리고 있다.

나는 향수병鄕愁病에 걸렸네.
전에 결코 가본 적이 없는 나라를 향하여.

토끼와 거북이

 '토끼와 거북이' 이야기는 아마도 세계에서 가장 널리 알려진 우화가 아닌가 싶다. 이 우화가 우리에게 던져 주는 일반적인 교훈은 "경쟁자를 신경 쓰는 대신 꾸준히 자기 능력껏 최선을 다하다 보면 언젠가 성공하게 마련이다"는 말로 정리될 것이다. 큰 나무도 결국에는 쓰러지고, 티끌 모아 태산이라 하지 않았던가? 로마도 하루아침에 이루어지지 않았다.

 굳이 이 우화의 묘미를 찾는다면 모든 사람들이 예상하는, 절대 약자인 거북이가 포기하지 않고 끈질기게 노력함으로써 대역전극을 이루어 내는 점에 있을 것이다. 자신과 연고가 없는 스포츠 시합에서 대부분의 사람들은 세가 불리한 팀을 응원하는데, 이처럼 객관적인 전력이 떨어져 시합에서 질 것 같은 팀(또는 사람)을 응원하는 현상을 '언더독underdog 효과'라 한다. 절대약자인 거북이를 응원하는 사람들은 거북이가 승리했을 때 카타르시스를 느끼는 것이다.

 하지만 이 우화에는 표면적인 메시지에 숨겨진 위험한 인식이 존재한다. 먼저 거북이의 무모한 도전을 이해하기 어렵다는 것이다. 토끼가 도중에 낮잠을 잘 것이라는 점을 미리 알지 못했다면 말이다. 거북이는 너무도 어리석은 판단을 한 것이고, 무모하게 실행한 셈이다. 절대강자인 토끼에게 거북이는 전쟁을 선포한 셈인데, 이건 현실적으로 본다면 파멸을 자초하는 셈이다. 그런 면에서 이 우화의 진정한 교훈은 거북이가 아니라 토끼로부터 나온다. 즉 아무리 탁월한 능력을 지녔다고 해도 방심하는 순간 패배의 나락으로 곤두박질칠 수 있다는 점이다. 자신의 달리기 능력을 너무 믿은 나머지 달콤한 낮잠에 빠진 토끼처럼 우리는 그 어떤 목표라도 하찮게 보고 노력을 게을리하는 실수를 범해서는 안 되겠다.

한편으로 이 우화는 위험한 내용을 포함하고 있는데, 내가 말하고 싶은 것들은 사실 이런 메시지들이다. 먼저 거북이가 그랬던 것처럼, 절대 이길 수 없는 싸움에서도 끈질기게 부딪치고 노력하면 이길 수 있을 거라는 착각을 정당화 한다는 점이다. 거북이가 이길 수 있었던 것은 오로지 자만自慢에 빠진 토끼의 낮잠, 즉 우연성 덕분이었다. 거북이의 승리는 단지 행운이었을 뿐 노력의 결과로 보기 어렵다. 그런데도 이 우화는 거북이의 승리에 초점을 맞추고 있다. 그러면서 성공하려면 자신의 노력보다 경쟁자의 실수가 결정적인 역할을 한다는, 더 나아가 성공하기 위해서는 자신의 경쟁력을 키우기보다 상대의 실수를 유발시키는 데 힘써야 한다는 메시지까지도 읽힌다. 무엇보다 가장 큰 문제점은 복잡다단한 경쟁의 세계를 승자와 패자로 단순하게 이분화시켰다는 점이다. 성공은 경주에서 이기는 것이고, 경쟁에는 언제나 승자와 패자가 있다는 식의 이분법은 현대 사회의 관점에서 볼 때 잘못된 인식이다. 경주에서 이기면 성공이고, 지면 실패라는 것인가?

현대적 성공의 의미는 개개인의 특기를 살려 노력하고, 서로 도움을 주고받음으로써 둘 다 성공하는 것에 있다. 각자 가진 장기를 살려 꾸준히 노력하면 그것이 자기의 성공이고, 곧 사회에도 이득이 되는 것이다 .우리 속담에 "될성부른 나무 떡잎부터 알아 본다"는 말이 있다. 그리고 "굽은 나무가 선산을 지킨다"는 말도 있다.

이 세상은 될성부른 '낙락장송落落長松'만을 위해 존재하는 곳이 아니다. 비교할 수 없는 등 굽은 나무도 선산을 지키는 '비교우위'를 갖게 되는 곳이다. 이렇게 가지가 길게 뻗은 키 큰 나무(낙락장송)와 활처럼 굽은 나무가 서로의 다른 장점을 발휘하면서 번영하는 비교우위 사회가 경제학이 묘사하는 이상향理想鄕일 것이다.

아마 토끼와 거북이 우화의 현대판은 다음과 같을 것이다.

옛날에 토끼와 거북이라는 사이좋은 친구가 살았다. 토끼는 육지에서 달리기를 잘하였고, 거북이는 바다에서 수영을 잘하였다. 이 둘은 늘 함께였다. 토끼가 거북이를 업고 산과 들로 뛰어다니면서 산천경개山川景槪를 구경시켜 주면, 거북이는 토끼를 등에 태우고 바다를 둥둥 떠다니며 즐겁게 해주었다. 그리고 거북이가 바다에서 미역 등을 따서 토끼에게 주면 토끼는 그 빠른 걸음으로 곳곳을 돌아다니며 미역을 팔았다. 그렇게 벌어들인 돈으로 토끼와 거북이는 오래오래 행복하게 살았다.

교활한 여우를

《이솝우화》에 나오는 〈우물에 빠진 여우〉는 교활한 속임수를 쓴 여우 이야기다. 우물에 빠진 여우가 때마침 물을 마시러 온 염소에게 "물이 아주 시원하니 들어와 같이 마시자"고 꼬드긴다. 순진한 염소가 여우의 말을 곧이곧대로 믿고 우물 안으로 들어오자, 여우는 여기에서 빠져나가게 도와주면 자기가 밖에 나가 염소를 끌어올려 주겠다고 약속한다. 하지만 우물을 빠져나간 여우는 속아 넘어간 염소를 비웃곤 그냥 가버린다.

이른바 '퇴출전략'인 셈인데, 순진한 염소는 교활한 여우에게 결정적으로 당하고 말았다. 《이솝우화》에는 이 이야기 말고도 다른 동물들을 속이는 비슷한 다른 동물 얘기들이 많다. 〈늑대와 두루미〉에서는 목에 가시가 박힌 늑대가 나온다. 늑대는 몹시 괴로워하던 목에 걸린 가시를 뽑아주면 답례를 하겠다고 두루미에게 제안한다. 두루미는 늑대의 목에서 가시를 뽑아 준 다음 돈을 달라고 한다. 그러자 늑대는 "내 입속에 머리를 넣었다가 무사히 나간 것만도 감사하게 생각해"라고 말하며 이빨을 드러내 보인다.

〈사자와 당나귀〉는 함께 사냥하러 나선 사자와 당나귀 이야기다. 사자가 "나의 강한 힘과 너의 빠른 발을 이용하면 먹이를 많이 잡을 수 있을 거야"라고 하면서 당나귀를 꼬드긴다. 그러나 사냥이 끝나고 잡은 먹이를 나눌 차례가 되자 동업자인 당나귀를 협박해서 쫓아 버린다.

〈까마귀와 여우〉에서도 온갖 감언이설로 까마귀가 입에 물고 있던 고깃덩이를 떨어뜨리게 만드는 여우가 나온다. 고기를 낚아챈 여우는 "아부꾼은 그의 아부를 듣는 자가 있어야만 살 수 있다"라고 말한다.

이 우화들이 말하는 교훈은 너무도 잘 알고 있을 것이다. 《이솝우화》에서 교활하고 신의 없는 동물들은 주로 여우, 늑대, 사자 등인 반면 어리석고 순진한 동물들은 염소, 까마귀, 당나귀, 두루미 등이다. 당연히 교활한 여우에게 순진한 염소나 까마귀 등이 손해를 본다. 그런데 이야기 속 동물들은 매번 속이는 동물은 계속 속이고, 당하는 동물은 계속 당하기만 한다. 여우를 비롯한 교활한 동물들이 까마귀도 속이고, 염소도 속일 수 있는 것은 이들 피해자들이 속고 난 뒤에도 아무런 조치를 취하지 않았기 때문이다. 따라서 여우같은 동물들은 교활한 속임수를 통해 계속 이득을 보게 되고, 자신의 사악한 행동에 고무된다. 여기서 우리는 "여우가 너를 한 번 속인 것은 여우 잘못, 그러나 네가 여우한테 두 번 속는 것은 네 잘못"이라고 비유할 수도 있다.

만약 한 번 속은 염소가 더 이상 여우에게 속지 않고, 나아가 여우의 정체에 대해 적극적으로 알리면서 다른 동물들과 협력했더라면 여우의 사악한 행동은 더 이상 발붙이기가 어려웠을 것이다. 더 나아가 여우가 자신에게 했던 대로 갚아 주었다면 《이솝우화》의 교활한 동물들은 나쁜 행동을 포기하고 신의 있는 동물 세계의 구성원이 되었을 것이다. 황새를 초청한 여우가 납작한 접시에 수프를 담아 내놓자, 황새도 여우를 초청해 목이 긴 호리병 속에 음식을 담아 내놓은 것처럼….

조나단 스위프트의 《걸리버 여행기》에 나오는 소인국 '릴리푸트'에서는 사기죄를 절도보다 훨씬 큰 범죄로 본다. 상식을 가지고 조심스럽게 잘 보관하기만 하면 도둑들로부터 재물을 지킬 수 있지만, 비상한 간교함에 대하여 정직은 아무런 보호막을 갖지 못하기 때문이다. 더구나 신용거래가 이루어져야 유지되는 사회에서 만약 사기가 허용되고, 용서되고 혹은 그것을 징계할 법이 없으면 어떻게 될까? 아마 정직한 거래자는 언제나 손해를 보고, 악당들만 이득을 볼 게 빤하다. 결국 사회는 유지되지 못한다.

규모가 작고 모두가 서로를 알고 지내는 사회에서는 거짓이나 사기가 번창할 수 없다. 그러나 사회 규모가 커지면 커질수록, 또 상대하는 사람들에 대한 정보가 부족해지면 부족해질수록 누군가를 교묘하게 속여 자신의 이득을 취할 가능성이 높다. 그 결과 사회에 그런 류의 사람들이 늘어나면 서로 교묘하게 속여 이득을 취하기가 어려워지고 그들 간에 취할 이득도 줄어들게 되어 속일 유인도 줄어 들게 된다. 그러나 속임을 당한 사람들이 적극적으로 대응하면 할수록 속임수의 대가가 높아져 사회의 균형이 이루어지게 된다.

학 다리

중세시대의 이탈리아 작가 지오바니 보카치오는 《데카메론》에서 인간의 희비애락喜悲愛樂을 자유분방하게 그리고 있다. 《데카메론》에는 총 100개의 이야기가 수록되어 있는데, 그 중 하나에 '외다리 학' 이야기가 있다.

쿠라도 잔필리아치는 어느 날 사냥에서 통통하게 살찐 학 한 마리를 잡는다. 그는 키키비오라는 요리사에게 일러 저녁 식사로 먹을 수 있도록 요리해 놓으라고 했고, 소탈하고 재미있는 사나이인 키키비오는 학을 잡아 정성스럽게 요리하기 시작한다. 마침 키키비오가 홀딱 반한 브루레타라는 여자가 주방으로 들어와 눈앞에 놓인 학을 보더니, 다리 하나만 주지 않겠느냐고 부탁한다. 하는 수 없이 연인을 위해 한쪽 다리를 떼어 준 키키비오는 시침을 뚝 떼고 학 요리를 식탁 위로 가져간다. 깜짝 놀란 쿠라도가 왜 한쪽 다리가 없는지 그 까닭을 묻자 키키비오는 서슴지 않고 대답한다.

"나리, 원래 학의 다리는 하나뿐입니다."

"뭐라고? 학이 한쪽 다리밖에 없다고? 내가 학을 한두 번

본 줄 아느냐?”

화를 내는 쿠라도에게 키키비오는 태연히 말한다.

“나리, 제 말이 틀림없습니다. 의심이 나신다면 제가 살아 있는 학을 직접 보여드리죠!”

다음날 아침 일찍 쿠라도는 키키비오와 함께 큰 강가로 간다. 그런데 모래사장에 있는 열두어 마리의 학이 이상하게도 모두 한쪽 다리로 서 있는 것이 아니겠는가. 물론 학은 잠을 잘 때는 그렇게 한다.

“나리, 잘 보십시오. 어제 저녁에 제가 드린 말씀이 정말이지요. 저기 외다리로 서 있는 학들을 보십시오.”

쿠라도는 학을 노려보며 말한다.

“아니, 잠깐. 이제 내가 다리가 둘이라는 걸 알게 해주지.” 그러더니 쿠라도는 학이 있는 쪽을 향해 “훠이, 훠이!” 하고 큰 소리를 지른다. 그 소리에 잠이 깬 학들은 양쪽 다리로 두어 걸음씩 걷다가 모두들 날아가 버린다.

“어떠냐? 이 거짓말쟁이야! 학 다리가 둘이라는 걸 똑똑히 보았겠지?”

키키비오는 눈을 희번덕거리며 우물쭈물하더니 대답한다.

“네, 나리. 하지만 나리는 어제 저녁에 ‘훠이, 훠이’ 하고 소리치지 않으셨습니다. 만약에 그렇게 소리치셨더라면 방금 날아간 학들처럼 그 학도 두 다리를 모두 내놓았을 텐데요.”

쿠라도는 이 말에 “하하” 하고 크게 웃으며, 지금까지의 노여움을 모두 풀어 버린다. 그야말로 멋진 주인에 재치 있는 하인이다.

요리사 키키비오는 자신의 일에 적극적이다. 주인의 말을 잘 듣고 순종하는 하인이기도 하다. 이런 키키비오가 연인을 위해 별 수 없이 학 다리 한쪽을 떼어 주었다. 이는 잘못이며 또 하인으로서 월권이다.

그러나 이를 지나치게 추궁하면 키키비오를 소극적이고 수동적으로 만든다. 다시 말해 키키비오의 적극적이고 능동적인 특성을 발휘하지 못하게 하는 병폐를 가져온다. 쿠라도처럼 웃으면서 용서할 때 키키비오가 그 능력을 위축당하지 않고 주인에게 모범적인 하인이 되는 것이다. 못 먹은 학 다리 하나는 그에 따른 대가일 것이다.

무역

한 기업가가 캘리포니아 해안가의 땅을 사들인 뒤 밖에서는 보이지 않게끔 담을 높이 쌓고 자동차 생산 공장을 세우고 있다고 했다. 그런데 그는 캘리포니아 주 새크라멘토에서 수확한 대량의 쌀을 그 공장 안으로 사들이고 있었다. 얼마 뒤, 그 공장에서 자동차가 나오기 시작했다. 그 자동차는 값싸고 질이 좋아 미국 내에서 큰인기를 얻었다. 당연히 그 사업가는 캘리포니아에서 칙사 대접을 받게 되었다. 더구나 그 사업가는 캘리포니아 농부들에게도 인기가 대단했다.

쌀을 대량으로 구입하는 것도 모자라 값싸고 품질 좋은 자동차까지 만들어 내니, 그 사업가의 인기는 하늘 높은 줄 모르고 치솟았고 애국자로까지 칭송을 받았다.

그런데 그 공장에서 일하는 근로자 수가 많지 않다는 점을 이상하게 여긴 한 기자가 그의 공장을 심층 취재하게 되었다. 그 결과 그 기업가의 해안가 땅에는 공장 시설이 아니라 부두 시설이 있는 것으로 판명되었다. 즉 그 기업가는 캘리포니아에서 생산된 대량의 쌀을 한국으로 수출하고, 대신 한국에서 자동차를 수입해 온 것이었다.

이 사실을 기자가 보도하자 그때까지 애국자로 칭송을 받던 그 기업가는 하루아침에 반역자로 낙인이 찍혀 버렸다. 나아가 미 연방정부에서도 그의 사업을 더 이상 허용하지 않아, 그의 '자동차 공장은 문을 닫고 말았다. 캘리포니아에서 생산된 쌀이 바로 자동차가 제조되는 원료였던 셈이다.

캘리포니아에 심은 쌀은 몇 달 기다리면 익는다. 그러면 수확한 쌀을 기업가들이 사들여서 배에 가득 싣고 한국으로 보낸다. 몇 달 뒤 그 배는 한국의 현대자동차를 싣고 돌아온다. 즉 미국은 캘리포니아산 쌀을 한국에 수출하고, 한국산 자동차를 수입해 온다. 이것이 국제무역이다. 이렇게 보면 국제무역이란 한 형태의 기술에 불과하다. 캘리포니아 쌀이 현대자동차로 바뀌는 것이다. 미국 입장에서 한국은 쌀을 자동차로 바꾸는 거대한 공장인 것이다.

이 경우 미국인이 자동차를 갖게 되는 경로는 디트로이트에서 만드는 것과 캘리포니아 쌀을 수출하여 한국에서 수입해 오는 것, 두 가지가 있다. 만약 미국이 자동차를 만드는 데 있어서 첫 번째 방법을 두 번째 방법보다 선호하게 만드는 정책을 편다면, 이는 캘리포니아의 자동차업자들(농부들)보다 디트로이트의 자동차업자들에게 특혜를 베푸는 것이다. 수입 자동차에 부과되는 관세나 쿼터는 바로 캘리포니아산 자동차에 대한 세금이나 판매제한이다. 이렇게 디트로이트 자동차 업체를 경쟁으로부터 보호하는 정책을 취하면 캘리포니아의 농부들에게는 손해를 끼치는 것이다. 캘리포니아 농부들이 디트로이트 자동차 업자들의 경쟁자이기 때문이다.

국제무역은 어느 경제 활동과 조금도 다름없는 하나의 경제 활동이며, 수출품을 수입품으로 바꾸는 일종의 생산 활동이다. 나아가서 이런 활동에 정부가 개입하여 한 산업을 국제 경쟁으로부터 보호하게 되면 다른 산업들이 손해를 입게 된다. 미국 소비자는 디트로이트산과 한국산 자동차 중에서 값싸고 질 좋은 것을 사는 게 당연하다. 디트로이트산 자동차는 미국 제품이니 상관없을 것이고, 만약 한국 자동차를 너무 많이 수입하면 한국과의 무역적자를 보지 않을까? 하지만 한국에서 자동차를 많이 수입했다는 말은 곧 캘리포니아 쌀을 한국에 많이 수출한 것이다.

　　한편 미국에서 캘리포니아산 쌀을 싣고 한국으로 간 배가 현대자동차를 싣고 미국으로 돌아오던 중 태평양 한가운데에서 사고로 침몰했다고 해 보자. 미국이 수출은 했는데 한국으로부터 수입이 없어진 것이다. 당연히 미국은 한국과의 거래에서 무역흑자를 기록한 것이고, 무역적자는 저절로 해결되게 된다.

산호초 국

사람들에게는 꿈이 있다. 쉽게 이룰 수 있는 꿈도 있고, 현실적으로 불가능한 꿈도 있다. 여러분이 상상하는 여러 가지 꿈들 중에서 환상적인 것 하나를 떠올려 보자.

지금 여러분은 영국 작가 서머셋 모음의 《달과 6펜스》에 나오는 인상파 작가 폴 고갱처럼, 남태평양 타히티 섬에 매료되어 그 근처의 조그만 섬을 하나 구입하였다. 그리고 그 섬을 '산호초 국'이라 명명하였다. 여러분은 그 섬의 백성 겸 왕이다. 그리고 여러분은 자신의 투자 자산에서 죽을 때까지 매달 1천만 원씩 받는다고 가정하자.

산호초 국의 특산물을 모음의 소설을 빌려 소개하면 다음과 같다.

집 바로 옆에는 바나나 나무들이, 마치 불행을 당한 왕비의 찢어진 옷깃처럼 너덜너덜해진 잎사귀들을 드리우고 서 있었다. 집 바로 뒤에는 아보카드 나무가 한창 열매를 달고 서 있었으며, 집 둘레를 코코야자 나무들이 온통 둘러싸고 있었다. 집의 정면에는 망고 나무가 한 그루 서 있었고, 산에는 달고 향기로운 초록빛 과실을 달고 있는 야생 오렌지 나무들이 많이 자라고 있었다. 집 근처에는 조그만 개울이 흐르고 있었는데, 그 개울은 바다로 흘러 내려갔다. 그 개울로 고기 떼들이 모여들고 바다의 산호초에는 온갖 빛깔의 조그만 물고기들이 있었다.

즉 산호초 국의 산물은 바나나, 아보카드, 코코야자, 망고, 그리고 야생 오렌지 등의 과일과 각종 물고기 등이다. 어쨌든 여러분은 산호초 국에서 나오는 산물만으로는 살 수가 없다. 쌀, 김치, 고기, 옷, 비누 등등은 산호초 국에서는 전혀 생산되지 않으니, 근처의 타히티 섬이나 호주, 아니면 한국 등에서 사와야 한다.

비록 국민이 한 명뿐이지만 산호초 국도 엄연한 나라이니 나라 밖에서 사오는 것은 수입이다. 즉 산호초 국은 쌀 등을 수입한다. 반면 산호초 국은 무엇을 수출할까? 나중에 바나나, 망고 등을 수출할 수도 있겠지만 지금은 여러분 혼자이므로 수출은 생각지도 못하고 있다. 그러면 산호초 국의 무역수지는 어떻게 되는가? 산호초 국은 수출은 전무하지만 수입은 많으므로, 만성 무역적자국이다.

원래 한 국가가 수입품에 대금을 지불할 수 있는 것은 그 나라의 수출품에서 얻어지는 대금이 있기 때문이다. 그러나 산호초 국의 경우는 수출이 전혀 없으므로 산호초 국의 왕인 여러분이 해외로부터 매달 송금받는 1천만 원을 사용해서 수입품의 대금을 지급해야 한다. 산호초 국의 경우 무역수지는 적자이나 해외로부터 자금 유입이 있어 국제수지가 균형을 이룬다.

그러면 산호초 국은 만성 무역적자국인데, 이것은 좋은 것인가, 나쁜 것인가? 산호초 국이 무역적자를 없애려면 수입을 중단해야 한다. 그럴 경우 여러분은 비록 왕이라 해도 매일 같이 바나나, 망고 등만 먹고 살아야 한다. 아무리 여러분이 참을성이 있다 해도 그것은 좋지도, 또 바라지도 않을 것이다.

따라서 무역적자가 나쁘고 반대로 무역흑자가 좋다는 것은 꼭 맞는 말은 아니다. 물론 산호초 국이 계속 무역적자를 유지할 수 있는 것은 여러분이 부자이기 때문이다. 다시 말해 매달 1천만 원씩 쓸 수 있기 때문이다. 꿈속에서 여러분은 무역적자를 걱정하지 않아도 되고, 또 무역적자가 나쁜 것이 아니라는 사실을 보여 주는 행복한 왕이다.

그러나 결국 수출은 수입을 위한 것, 즉 수입대금을 지불하기 위해서는 수출로 돈을 벌어야 한다. 이러한 민초들의 운명을 이해할 수 있다면 여러분은 지혜로운 왕도 되는 셈이다.

땅속의 금

돈을 쓸 줄은 모르고 모을 줄만 아는 구두쇠 영감이 있었다. 그 영감은 자기가 평생 모은 돈을 모두 금화로 바꿔서 아무도 몰래 땅속 깊이 파묻었다. 그러고는 하루에 한 번씩 그곳을 파서 돈을 확인한 뒤 다시 묻어 두곤 했다. 어느 날 마을에 사는 한 젊은이가 그 구두쇠 영감의 행동을 수상히 여겨 뒤를 따라가 보기로 했다. 금화 자루가 파묻힌 곳에 도착한 영감은 그것을 파내 살펴보고는 다시 땅속에 묻어 두는 것이었다.

몰래 지켜보던 그 젊은이는 구두쇠 영감의 금화를 몽땅 꺼낸 다음 그 속에 돌멩이를 가득 채워 넣었다. 다음날, 돈이 모두 없어진 것을 알게 된 구두쇠 영감은 기절할 듯 놀랐다.

"어떤 녀석이야? 내가 평생 모은 돈을 하룻밤 사이에 가로채 가다니…"

구두쇠 영감은 절망해 슬피 울었다. 그때 그곳을 지나가던 사람이 구두쇠 영감에게 우는 이유를 물었다.

"내 말 좀 들어 보슈. 이렇게 분한 일이 세상에 또 어디 있겠소?"

구두쇠 영감은 자기가 평생 모은 금화를 땅속에 묻어 뒀는데, 누군가가 그것을 꺼내가고 돌멩이만 잔뜩 넣어 뒀다는 사실을 얘기하고, 마지막에 이렇게 덧붙였다.

"그 돈을 모으려고 지금까지 단 한 푼도 쓰지 않았다오."

그러자 그 사람은 껄껄 웃으며 다음과 같이 말했다.

"노인장, 그렇다면 그다지 슬퍼할 일도 아니군요."

이 말에 구두쇠 영감은 화를 내며 소리쳤다.

"왜 슬프지 않단 말이요? 평생 모은 내 돈이 없어졌는데…."

"어차피 노인장께서는 그 돈을 어디엔가 쓰시려는 게 아니라 그냥 들여다보기만 할 것이 아니었습니까? 그렇다면 거기 묻혀 있는 것이 금화든 돌멩이든 무슨 상관이 있겠습니까?"

1932년, 미국이 금 1온스(31.1g)당 20달러 67센트라는 전통적인 가격으로 금본위제도를 유지하지 않을 것을 우려한 프랑스은행은 뉴욕 연방준비은행에 맡겨둔 달러 자산 대부분을 금으로 바꿔줄 것을 요청했다. 동시에 프랑스은행은 미국에서 프랑스로 금을 운반하려면 바다를 건너야 하는 등의 불편이 있으므로 뉴욕 연방준비은행이 금을 프랑스은행 계정으로 보관하여 줄 것을 요청했다. 이에 따라 연방준비은행 직원은 금 저장실로 가서 정확한 양의 금을 별도의 서랍에 집어넣고, 그 내용물이 프랑스의 자산임을 나타내는 표시를 그 서랍에 붙였다.

그 결과 미국의 금 보유고는 감소하고, 프랑스의 금 보유고는 증가했다.

금융시장에서는 달러 가치는 약화되고, 프랑의 가치는 강화

된 것으로 봤다. 다시 말해 지하금고 속 서랍에 붙인 표시 때문에 미국 통화가치가 약화됐다고 미 연방준비은행은 믿었고, 또 프랑스 은행은 2천 마일이나 떨어져 있는 지하 금고 서랍에 붙인 표시 때문에 프랑스 통화 가치가 강화됐다고 생각했다.

프랑스은행은 뉴욕에 있는 금을 매일 들여다볼 필요조차 없었다. 이 점이 구두쇠 영감보다는 프랑스은행이 현명한 점이다. 프랑스은행은 보관하고 있는 것이 금이든 돌이든 아무 상관이 없다는 점을 알고 시행한 것이다.

지금은 프랑스은행도 은행 자체가 무엇인가를 가지고 있다고 하면서 종이돈을 찍어내고 있다. 다행인 것은 프랑스은행도 미국 독립전쟁 당시 대륙의회(Continental Congress)가 지폐 발행을 허용한 후의 경험에 대해 잘 알고 있다는 것이다. 이 지폐 발행을 통한 전쟁 재원 조달의 결과 지폐 가치가 폭락했고, 이는 오늘날까지 '한 푼의 가치도 없는(not worth a Continental)'이라는 조소적 표현으로 남아 있다.

영국인의 휴가

점잖고 부유한 한 영국인이 있었다. 그는 매년 여름휴가를 호주에 있는 페이지군도의 한 작은 섬에서 보냈다. 그 섬은 경치가 아름답고 인심도 좋아 휴가를 보내기에 적합했다.

그는 여름휴가 중에 지출되는 모든 비용을 현금 대신 자신의 개인수표로 지불했다. 영국 런던에 있는 그의 거래은행은 그가 발행한 모든 수표를 틀림없이 결재해 주었다. 그 영국인은 매년 여름마다 휴가를 오기 때문에 그 섬에서 그의 신용상태는 완벽했다.

그 영국인의 신용이 너무나 완벽했으므로 그 섬 주민들은 그에게서 받은 개인수표를 다른 거래에서도 돈처럼 서로 주고받기에 이르렀다. 예컨대 식당 주인은 그 영국인이 식대 대신 지불한 수표를 식자재 값으로 식품상 주인에게 주었고, 식품상 주인은 그 수표를 가지고 가스를 구입했다. 이런 식으로 그 영국인이 발행한 수표는 그 섬 전체에서 유통되기에 이르렀다. 다시 말해 그가 발행한 수표들은 결코 런던의 은행으로 돌아오지 않았다.

자, 그렇다면 누가 그 영국인의 여름휴가 비용을 지불한 것인가? 그 영국인이 아닌 것은 분명하다. 그가 쓴 수표들이 영국의 은행으로 돌아오지 않았기 때문에 그는 돈을 지불하지 않은 셈이다. 그는 공짜로 여름휴가를 즐긴 셈이다. 그 영국인이 자기 휴가비용을 지불하지 않았다면 그 섬 주민들이 지불한 게 분명한데, 과연 그 중 누구일까?

그 영국인이 발행한 수표들이 섬 주민 간 거래에 있어서 돈처럼 유통되었으므로 맨 마지막에 그 수표들을 가진 사람이 영국인의 휴가비용을 부담하게 된다. 물론 맨 마지막에 수표를 가진 사람이 그 영국인의 런던 은행에 수표를 보내 결제를 받는다면, 결국 그 영국인이 자기 휴가비용을 부담하게 될 것이다.

그런데 누구도 그의 수표를 런던으로 보내지 않고 계속 거래에 사용한다면 누가 그 영국인의 휴가비용을 부담하게 되는가? 이 경우 답은 섬 주민 전부다. 즉 그 영국인이 발행한 수표들이 섬 주민 간의 거래에 있어서 화폐와 같이 유통되었으므로, 결과적으로 그 영국인은 휴가를 즐긴 그 섬에서 돈을 찍어 휴가를 즐긴 셈이다. 마치 그 섬의 중앙은행과 마찬가지로.

그렇다면 섬 주민 전체가 어떤 식으로 그 영국인의 휴가비용을 지불하는가?

그 영국인은 의도적이든 아니든 어쨌든 돈을 발행한 셈이다. 결과적으로 그 섬의 통화량을 증가시킨 것이다. 통화량의 증가는 물가상승을 유발한다. 그리고 물가상승인 인플레이션이 발생하면 그만큼 그 섬 주민의 실질소득이 줄어들게 된다. 즉 그 섬 주민들은 그 영국인이 발행한 수표들을 거래에서 유통

시킴으로써 인플레이션을 불러일으켰고, 결국 실질소득 감소의 형태로 그 영국인의 휴가비용을 지불한 셈이다.

일설에 의하면 피카소가 남 프랑스에서 작품 활동을 할 때 그곳의 고급 식당으로 친구들을 초대해 한 턱을 내고 청구서 뒷면에 간단한 스케치를 그려 주었다고 한다. 그럼 식당 매니저가 돈을 지불하고 그 청구서를 나중에 팔아 꽤 많은 이익을 남겼다고 한다. 피카소의 작품이 한 순간이지만 돈의 역할을 한 셈이다.

벌거벗은 임금님

옛날에 옷치장을 아주 좋아하는 임금이 살고 있었다. 어느 날 한 상인이 임금을 찾아와 이 세상에서 가장 훌륭한 옷을 지어 바치겠다고 했다. 얼마 뒤 그 상인은 자기가 만든 거라며 옷 한 벌을 가지고 왔다. 임금은 아무리 눈을 크게 떠도 아무것도 보이지 않았다. 그런데 그 상인은 그 옷에 대하여 계속 자랑하면서, 다만 양심이 바르지 못한 사람은 볼 수 없는 옷이라고 주장했다.

임금이 아무 말도 못하고 있는 사이에 옆에 있던 신하들은 "과연 훌륭한 옷!"이라며 치켜세웠다. 신하들은 양심이 바르지 못해 옷을 못 본다는 비난을 받고 싶지 않았기 때문이다.

주위 신하들의 아첨에 머뭇거리던 임금도 '훌륭한 옷'이라며 칭찬할 수밖에 없었다. 그리고 입고 있던 옷을 모두 벗고 새 옷으로 갈아입기 시작했다. 그 상인은 임금이 옷 입는 것을 거들어 주면서 연신 "잘 어울린다." "몸에 딱 맞는다"는 말을 해댔다. 신하들도 맞장구를 쳐댔다.

행복해진 임금은 옷 자랑도 할 겸 거리로 나갔다. 임금의 행차에 길옆에 엎드려 있던 백성들은 '벌거벗은 임금님'을 보고 깜짝 놀랐다. 그래도 누구 하나 진실을 말하는 사람은 없었다. 이렇게 임금의 행차는 아무 문제없이 잘 나아가고 있었다. 그때 한 천진난만한 소년이 외쳤다. "야, 임금님이 벌거벗었다!"

아주 익숙한 이야기다. 벌거벗었던 임금님은 그 뒤에 어떻게 되었을까, 궁금해진다. 창피함에 급히 궁으로 돌아가 옷을 입었겠지만, 원래 지니고 있던 임금의 권위는 되찾을 수 있었을까? 백성들 앞에서 멍청하게 벌거벗고 거리를 활보하다니.

제정신을 차린 임금은 가장 먼저 그 사기꾼 상인부터 찾았을 테지만, 이미 그는 옷값을 챙겨 이웃나라로 도주해 버렸을 것이다. 다음은 아부했던 주위 신하들을 찾았을 것이다. 한 명쯤은 바른 소리를 할 법도 한데 아무 말도 하지 않은 신하들이 임금은 괘씸할 것이다.

그런데 여기서 임금이 실수한 것이 있다. 첫 번째 임금의 전략적 실수는 자기 혼자만 '새 옷'을 입었다는 것이다. 신하들에게도 '새 옷'을 입으라고 해서 다 함께 임금의 행차를 따르라고 명령했어야 했다. 그렇다면 몇몇 신하는 진실을 고백하고 나왔을 가능성이 높다. 아니면 모든 신하들도 임금과 같이 망신을 당한 '공동운명체'였을 것이다. 그러나 이제 임금은 모든 신하를 해임해야 한다. 더 이상 아무도 믿지 못하겠는데, 어찌하겠는가?

그 다음은 대 백성 관계인데, '강경책'은 그 소리친 소년을 잡아들이고 백성들의 입을 묶는 것이다. 하지만 그러기에는 신하들을 모두 해임한 지금, 임금의 권력 기반이 많이 훼손되었다. '유화책'은 대 백성 사과문을 공포하는 것이다.

"짐이 영민하지 못하여 간악한 상인한테 속았도다. 이를 옆에서 부추긴 신하들은 책임을 물어 해임하노라. 이 모든 일에 대하여 짐은 유감으로 생각하노라."

이렇게 쓰고 보니 백성들한테 무엇이 유감인지 불분명하기는 하다. 어쨌든 행복했던(?) 나라가 임금의 권위 추락으로 혼란에 빠진 것은 분명하다. 백성들의 반란으로 임금이 쫓겨날 대혼란도 배제할 수 없을 것이다. 그런데도 임금은 "그때 그 꼬마가 가만히 있었더라면…" 하고 남의 탓을 하고 있을지도 모른다.

여기 한 소비자왕이 있다. 한 상인이 프랑스 파리에서 활동하고 있는 유명 디자이너가 만든 옷이라며 들고 와서 자랑한다. 그 상인은 소비자 왕에게 "이 옷을 입어야 다른 사람들이 왕을 우러러 보고 진정 소비자왕임을 깨달을 것"이라고 말한다.

소비자왕의 안목으로는 그 옷의 가치를 식별할 수 없었으나, 자신의 신분을 위하여 그 옷을 구입한다. 물론 남들에게 자신이 소비자왕임을 알리기 위해서는 그 옷을 입고 외출하여야 한다. 벌거벗은 임금의 행차처럼.

복권

현대적인 개념의 '복권 제도'는 1963년 뉴햄프셔 주에서 시작되었는데, 주 정부의 수입을 늘리는 수단으로 이용되었다. 그 뒤 증세 필요성을 상쇄시킨다는 명분을 내세워 이제는 미국 모든 주의 주민들이 합법적으로 참여할 수 있는 도박 제도가 되었다.

한방에 인생역전을 꿈꾸는 사람들은 복권에 희망을 담는다. 미국에서 인기 있는 복권 가운데 하나인 '메가 밀리언 잭팟'과 '파워 볼'은 한 번씩 최고액이 경신될 때마다 큰 뉴스 거리가 된다. 또 잭팟을 터뜨려 인생이 바뀐 사람들 이야기도 심심찮게 들린다.

잘 알려진 대로 복권을 '자의적 세금'이라고 간주한 덕인데, 세금과 달리 복권은 그 구입이 자의적이기 때문이다. 더 설명할 필요도 없이 우리나라의 '로또 복권'을 떠올려 보면 된다.

대부분의 주 정부들은 조세 저항이 없는 복권 수입을 4E, 즉 '교육(Education)' '환경(Environment)' '경제개발(Economic development)' 그리고 '노인(Elderly)'을 위해 쓴다고 홍보하고 있다. 이처럼 복권이 주 정부 재정수요를 충족시키는 중요 수단이 되어 가고 있으나, 이 과정에서 주 정부는 사행심 조장의 역할을 하고 있는 셈이다.

미국 주 정부들이 시행하는 현행 복권 제도는 참여하는 모든 사람이 손해를 보는 제도이다. 정말로 운이 좋았던 몇 사람만 빼고 말이다. 가난한 사람들은 복권을 사는 데 들어가는 돈이 그들 소득 중에서 차지하는 비중이 상대적으로 높다. 물론 부자들이 절대 금액 면에서는 훨씬 더 많이 복권을 사겠지만, 그들의 소득이 높으므로 별 문제가 안 된다.

이렇게 복권은 소득에 비하여 역진적인 문제점을 가지고 있다. 이는 소득이 많은 사람이 소득이 적은 사람보다 더 높은 세율의 세금을 내는 누진적 조세 제도에 반한다.

이러한 문제점 투성이의 현행 복권 제도가 아니라, 표현이 좀 이상하지만 어디 권할 만한 '좋은' 복권 제도는 없을까?

"재산이 부자들에게 약속하는 것을 도박이 가난한 사람들에게 해준다"는 버나드 쇼의 말처럼, 복권 역시 가난한 사람들에게 꿈을 주고 달콤한 미래를 상상하게 해 준다. 그렇다 하더라도 복권의 피해를 간과할 순 없다.

지금 우리는 어떤가? 한 쪽에선 복권을 팔고 다른 한 쪽에선 조심하라고 경고한다. 오하이오 주처럼 복권 뒤쪽에 "도박 중독은 치료될 수 있다"는 문구를 써놓는다고 주 정부의 책임이 끝나는 것은 아니다. 차라리 "도박을 해도 이성을 잃지 마시오. 당신의 한계 이상은 안 됩니다"라는 경고성 푯말을 걸어놓은 한 애틀랜틱시티 카지노가 솔직하지 않은가? 주 정부의 경고 뒤엔 또 다른 얼굴이 숨어 있음을 기억하자.

17세기 영국에서는 복권을 팔아 정부 프로젝트 자금을 조달했었다. 방법은 간단하다. 일단 복권을 구입한 사람들 가운데 몇 사람에게만 상금을 나눠 주고, 나머지 구입자들은 수 년 뒤에 적정한 이자가 붙은 금액을 돌려받는다. 이러한 17세기 영국식 복권을 지금 시행하면 될 것이다. 예컨대 당첨자 상금이 1천만 원인 천 원짜리 투자복권을 만든다. 이 점이 수 억 원의 당첨금이 걸린 요즘의 복권과 구별된다. 특히 당첨금액의 제한이 없는 복권인 '로또'와는 확연히 다른 개념이다.

나아가 정부는 당첨되지 않은 복권 구입자에게도 돈을 준다. 다만, 연간 10만 원 이상의 복권을 모아 오면 5년 뒤에 그 구입 원금에 이자를 붙여 돌려주는 것이다. 이자율은 5년 은행 정기예금보다 2% 더 낮게 정한다.

이렇게 마련된 복권 수익금은 정부가 지원하는 각종 사업의 대출금으로 쓰인다. 정부는 은행보다 싼 이자로 회사에 돈을 빌려 주는데, 이때 역시 일반적인 은행 대출이자보다 2% 더 낮게 책정한다. 그리고 정부는 회수한 원금과 대출이자를 가지고 복권 구입자들에게 돌려주면 된다.

한마디로 복권 구입자의 주머니에서 나온 돈은 정부, 사업체를 거쳐 다시 복권 구입자에게로 돌아온다. 현행의 복권 제도는 아무리 주의를 줘도 사람들이 허황된 꿈을 쫓아가게 만든다. 정부가 앞장서 사행심을 조장하는 형국이다. 하지만 앞의 내용처럼 개선된 복권 제도는 진정한 저축과 투자를 격려하는 것이다.

보험을 든 자동차를 몰고 라스베이거스에 가서 도박을 하는 것이 인간이다. 만약의 위험(자동차 사고)을 피하기 위해 보험을 샀으면서도, 동시에 또 다른 위험(도박) 속으로 뛰어드는 것이 인간의 심리다.

그걸 빤히 알면서도 정부가 재정수입(재원)을 늘리기 위해 복권 구입을 부추기고 있다면 이제라도 다른 방법을 찾아야 하지 않을까? 즉 인간의 심리를 이용하여 저축, 투자, 그리고 생산 활동으로 연결시키는 방안을 강구하는 것이 정부의 책임 있는 모습일 것이다.

현행 복권 제도는 가난한 사람을 더 가난하게 만드는 내재적 모순을 지니고 있다. 복권 한 장을 사서 그게 100% 당첨될 거라고 믿는 것은 '비이성적' 생각이다.

그러나 그중 한 복권이 당첨되는 것도 엄연한 현실이다. 일확천금의 유혹 앞에 나약한 인간 개개인은 무릎을 꿇는다. 지금이라도 전체 인간사회는 이러한 '복권 모순'에 합리적으로 대항할 수 있는 방안을 찾아야 할 것이다.

풍요로운 삶을 위한 **행복한 경영학**

지은이 정요진

발행일 2015년 10월 26일

펴낸이 양근모

발행처 도서출판 청년정신 ◆ **등록** 1997년 12월 26일 제 10—1531호

주 소 경기도 파주시 문발로 115 세종출판벤처타운 408호

전 화 031)955—4923 ◆ **팩스** 031)955—4928

이메일 pricker@empas.com